Diccionario ilustrado
¿Cómo se dice?
Español - Inglés

DASTIN *juvenil*

verbs · verbos · sentences · frases · words · palabras · numbers · números

Diccionario ilustrado
¿Cómo se dice?
Español - Inglés

¡Qué fácil y divertido es aprender inglés!

En este viaje que vamos a hacer juntos podréis aprender
3.314 palabras útiles e interesantes, y algunos números también.
Son muchas ¿verdad?

¡Será de una forma fácil y divertida!
Hemos ilustrado cada palabra para que te resulte más sencillo el aprendizaje
y la memorización.
La pronunciación es muy importante;
por eso al final del libro encontrarás la adaptación fonética que te permitirá
leer la palabra tal y como se dice en inglés.

Por ejemplo, observa las ilustraciones de la primera página
y comprenderás inmediatamente los significados de las palabras "TO ADD" y "ADRESS".
¡Adivinaste! "TO ADD" significa *sumar* y "ADRESS" significa *dirección*.
Mira al final del libro y podrás encontrar su pronunciación.

¡Este diccionario te encantará porque es diferente!

Quedan rigurosamente prohibidas,
sin la autorización escrita de los titulares del copyright,
bajo las sanciones establecidas por las leyes,
la reproducción total o parcial de esta obra
por cualquier método o procedimiento,
comprendidos la reprografía y el tratamiento informático,
así como la distribución de ejemplares de la misma
mediante alquiler o préstamos públicos.

Copyright Dastin, s.l. 2000
Pol. Ind. Európolis, c/M, nº 9
28230 Las Rozas - Madrid
Tel.: 91 637 52 54 - Fax: 91 636 12 56
E-mail: dastin@retemail.es

Primera edición: Junio 2000

Traducción:
Teresa Rodríguez

Diseño, diagramación y fotomecánica:
DICREA creaciones gráficas, s.l.

Asesoramiento:
Raquel Gómez González

Reservados todos los derechos
ISBN: 84-492-0113-6
Depósito legal: M. 19.253-2000

Impreso y encuadernado en España por Cofás, S.A.

NOTA del EDITOR

El inglés es un idioma que presenta una disociación notoria
entre lo que se escribe y lo que se pronuncia.
En este diccionario de inglés para niños hemos renunciado, por obvias razones,
a utilizar los símbolos fonéticos de la AFI (Asociación Fonética Internacional).
Por ello, nos hemos visto obligado a forzar al máximo
la pronunciación de las palabras hasta hacerlas encajar en
una pronunciación castellana figurada.

Hemos utilizado las letras del alfabeto español, incluyendo la *k*,
tal y como se pronuncia en nuestro idioma.
Para presentar las vocales largas hemos utilizado a menudo dos vocales.
Nos hemos permitido una única licencia:
emplear la combinación de las letras *sh* para transcribir el correspondiente sonido inglés.
Este sonido, cercano a nuestra *ch*, tiene, sin embargo, una sonoridad propia y
no representa dificultad de pronunciación para hispano-hablantes.
Para representar la *v* inglesa hemos utilizado el mismo signo castellano,
aunque bien es sabido que en nuestro idioma la *v* se pronuncia como *b*.
Debe tenerse en cuenta esta circunstancia.
No obstante, en algunos casos hemos preferido transcribir la *v* inglesa por la *f* española.

C

COL	CABAÑA	ARMARIO

CABRAGE	CABIN	CABINET

CABLE	CACTUS	JAULA	PASTEL, TARTA

CABLE	CACTUS	CAGE	CAKE

CALCULADORA	CALENDARIO	TERNERO	LLAMAR

CALCULATOR	CALENDAR	CALF	TO CALL

CALMA - CALMADO	CAMELLO	MÁQUINA DE FOTOGRAFÍAR	SUSPENDE O CANCELA

CALM	CAMEL	CAMERA	TO CALL OFF

CAMPAMENTO	ACAMPAR	LATA, BOTE, TARRO	TELEFONEAR

CAMP SITE	TO CAMP	CAN	TO CALL UP

25

CRUZ	CRUZAR	TACHAR	CUERVO
CROSS	TO CROSS	TO CROSS OUT	CROW
GENTÍO	CORONA	CORONAR	MIGAJAS
CROWD	CROWN	TO CROWN	CRUMB
TRITURAR	CORTEZA	MULETA	LLORAR
TO CRUSH	CRUST	CRUTCH	TO CRY
CRISTAL	OSEZNO	CUBO	CUCLILLO
CRYSTAL	CUB	CUBE	CUCKOO
PEPINO	PUÑO	TAZA	ALACENA
CUCUMBER	CUFF	CUP	CUPBOARD

ACERA	CURARSE, SANAR	ENCRESPAR el pelo	Pelo RIZADO
CURB	CURED	TO CURL	CURLY
CURIOSO-A	GROSELLAS	CORRIENTE río	CORTINAS
CURIOUS	CURRANT	CURRENT	CURTAINS
CURVA	COJÍN	CLIENTE	CORTAR
CURVE	CUSHION	CUSTOMER	TO CUT
LINDA, MONA, GRACIOSA	LOS CUBIERTOS	BICICLETA	ADELANTAR
CUTE	CUTLERY	CYCLE	TO CUT IN
CILINDRO	LOS PLATILLOS	EL CIPRÉS	RECORTAR
CYLINDER	CYMBALS	CYPRESS	TO CUT OUT

D

NARCISO	PUÑAL	PERIÓDICO
DAFFODIL	DAGGER	DAILY

PRODUCTOS LÁCTEOS	MARGARITA	PRESA	ESTROPEADO
DAIRY	DAISY	DAM	DAMAGED

HÚMEDO	BAILAR	BAILARINA	DIENTE DE LEÓN
DAMP	TO DANCE	DANCER	DANDELION

PELIGRO	OSCURO	DARDOS	CUADRO DE MANDOS
DANGER	DARK	DART	DASH BOARD

FECHA	HIJA	DÍA	MUERTO
DATE	DAUGHTER	DAY	DEAD

39

DESACUERDO	DESAPARECER	DESASTRE	DESCUBRIR
TO DISAGREE	TO DISAPPEAR	DISASTER	TO DISCOVER
DISCUTIR	ENFERMEDAD	DISFRAZ	PLATO
TO DISCUSS	DISEASE	DISGUISE	DISH
DESHONESTO	AGUA PARA FREGAR	NO AGRADAR	DISOLVER
DISHONEST	DISHWATER	TO DISLIKE	TO DISSOLVE
DISTANCIA	DISTANTE	DISTRITO	ZANJA
DISTANCE	DISTANT	DISTRICT	DITCH
ZAMBULLIRSE	DIVIDIR	MAREADO	HACER
TO DIVE	TO DIVIDE	DIZZY	TO DO

40

MUELLE	DOCTOR	PERRO	MUÑECA
DOCK	DOCTOR	DOG	DOLL
DELFÍN	CÚPULA	BURRO (ASNO)	PUERTA
DOLPHIN	DOME	DONKEY	DOOR
POMO	DOBLE	MASA	PALOMA
DOORKNOB	DOUBLE	DOUGH	DOVE
PLUMÓN	DORMITAR	DOCENA	ARRASTRAR
DOWN	TO DOZE	DOZEN	TO DRAG
DRAGÓN	LIBÉLULA	DESAGÜE	DIBUJAR
DRAGON	DRAGONFLY	DRAIN	TO DRAW

PUENTE LEVADIZO	CAJÓN	SUEÑO	SOÑAR CON OVEJAS
DRAWBRIDGE	DRAWER	DREAM	DREAM OF SHEEP
VESTIDO	VESTIRSE	CÓMODA	BABEAR
DRESS	TO DRESS	DRESSER	TO DRIBBLE
IR A LA DERIVA	TALADRAR	TALADRO	TRAGO
TO DRIFT	TO DRILL	DRILL	DRINK
GOTEAR	CONDUCIR	CONDUCTOR	BEBER
TO DRIP	TO DRIVE	DRIVER	TO DRINK
LLOVIZNA	BABEAR	NO QUEDA NI GOTA	CAER UNA COPA
DRIZZLE	TO DROOL	DROP	TO DROP

VISITAR INESPERADAMENTE	LO PASÉ A DEJAR	ABANDONAR	AMODORRADO
TO DROP IN	DROP OFF	TO DROP OUT	DROWSY
TAMBOR	SECO	SECAR	LIMPIADO EN SECO
DRUM	DRY	TO DRY	DRY CLEANER
SECADORA	DUQUESA	PATO	DUELO
DRYER	DUCHESS	DUCK	DUEL
DUQUE	VERTEDERO	DESCARGAR	VOLQUETE
DUKE	DUMP	TO DUMP	DUMPTRUCK
CALABOZO	CREPÚSCULO	POLVO	ENANO
DUNGEON	DUSK	DUST	DWARF

E

CADA UNO	ÁGUILA	OÍDO
EACH ONE	EAGLE	EAR

TEMPRANO	GANAR	TIERRA	TIERRA
EARLY	TO EARN	EARTH	EARTH

TERREMOTO	CABALLETE	ESTE	NADAR ES FÁCIL
EARTH QUAKE	EASEL	EAST	SWIMMING IS EASY

COMER	DESAYUNAR	ALMORZAR	COMER
TO EAT	TO EAT BREAKFAST	TO EAT LUNCH	TO EAT

ECO	ECLIPSE	BORDE	ANGUILA
ECHO	ECLIPSE	EDGE	EEL

44

HUEVO	BERENJENA	OCHO	OCTAVO
EGG	EGGPLANT	EIGHT	EIGHT
ELÁSTICO	CODO	ELECCIÓN	ELECTRICISTA
ELASTIC	ELBOW	ELECTION	ELECTRICIAN
ELECTRICIDAD	ELEFANTE	ASCENSOR	ALCE
ELECTRICITY	ELEPHANT	ELEVATOR	ELK
OLMO	AVERGONZAR	ABRAZARSE	BORDADO
ELM	TO EMBARROS	TO EMBRACE	EMBROIDERY
EMERGENCIA	VACÍO	FIN	ENEMIGOS
EMERGENCY	EMPTY	END	ENEMIES

45

MOTOR	MAQUINISTA	SABOREAR	ENORME
ENGINE	ENGINEER	TO ENJOY	ENORMOUS
BASTA	ENTRAR	ENTRADA	SOBRE
ENOUGH	TO ENTER	ENTRANCE	ENVELOPE
IGUALES	ECUADOR	DILIGENCIA	ESCALERA MECÁNICA
EQUAL	ESQUATOR	ERRAND	ESCALATOR
ESCAPARSE	EUROPA	EVAPORACIÓN	NÚMERO PAR
TO ESCAPE	EUROPE	EVAPORATION	EVEN NUMBER
SUPERFICIE LISA	SIEMPRE VERDE	CADA DÍA	EXÁMENES
EVEN SURFACE	EVERGREEN	EVERY	EXAM

46

EXAMINAR	EJEMPLO	SIGNO DE EXCLAMACIÓN	DISCULPE
TO EXAMINE	EXAMPLE	EXCLAMATION MARK	EXCUSE
HACER EJERCICIO	EXISTIR	SALIR	EXPANDIR
TO EXERCISE	TO EXIT	TO EXIT	TO EXPAND
ESPERAR	CARO	EXPERIMENTO	EXPERTA
TO EXPECT	EXPENSIVE	EXPERIMENT	EXPERT
EXPLICAR	EXPLORAR	EXPLOSIÓN	EXTINTOR
TO EXPLAIN	TO EXPLORE	EXPLOSION	EXTINGUISHER
OJO	CEJA	LENTES	PESTAÑA
EYE	EYEBROW	EYEGLASSES	EYELASH

F

FÁBULA	CARA, ROSTRO	FÁBRICA
FABLE	FACE	FACTORY

SUSPENDER	AVERIARSE	FERIA	HADA
TO FAIL	TO FAIL	FAIR	FAIRY

FE	CUADRO FALSO	OTOÑO	CAERSE
FAITH	FAKE PAINTING	FALL	TO FALL

FALSA ALARMA	FAMILIA	CAERSE AL SUELO	CAERSE DE...
FALSE ALARM	FAMILY	TO FALL DOWN	TO FALL OFF

FAMOSA	VENTILADOR	TRAJES DE FANTASÍA	COLMILLO
FAMOUS	FAN	FANCY CLOTHES	FANG

LEJOS	¡QUE TE VAYA BIEN!	GRANJA	GRANJERO
FAR AWAY	FARE WELL	FARM	FARMER
RÁPIDO	ME ABROCHO	GORDO	MORTAL
FAST	I FASTEN	FAT	FATAL
PADRE	LLAVE	CULPA	FAVOR
FATHER	FAUCET	FAUT	FAVOUR
Mi helado FAVORITO	MIEDO	FESTÍN	PLUMA
FAVOURITE	FEAR	FEAST	FEATHER
FEBRERO	ALIMENTAR	ME SIENTO bien	HEMBRA
FEBRUARY	TO FEED	TO FEEL	FEMALE

49

CERCA	GUARDABARROS	HELECHO	TRANSBORDADOR
FENCE	FENDER	FEM	FERRY
FESTIVAL	FIEBRE	POCO	CAMPO
FESTIVAL	FEVER	FEW	FIELD
QUINTA	PELEAR	LIMAR	LLENAR
FIFTH	TO FIGHT	TO FILE	TO FILL UP
PELÍCULA	INMUNDO	ALETA	LLENAR
FILM	FILTHY	FIN	TO FILL UP
MULTA	ESTAR BIEN	DEDO	HUELLAS DIGITALES
FINE	TO BE FINE	FINGER	FINGER PRINT

TERMINAR	ABETO	FUEGO	COCHE DE BOMBEROS
TO FINISH	FIR	FIRE	FIRE ENGINE
ESCALERA DE INCENDIOS	PETARDO	BOMBERO	CHIMENEA HOGAR
FIRE ESCAPE	FIRECRACKER	FIREMAN	FIREPLACE
FIRMAR	EL PRIMERO	PEZ	PESCAR
TO FIRM	THE FIRST	FISH	TO FISH
ANZUELO	PUÑO	CINCO	ARREGLAR
FISHHOOK	FIST	FIVE	TO FIX
BANDERA	COPOS	LLAMA	ALETEAR
FLAG	FLAKE	FLAME	TO FLAP

LUCES de BENGALA — FLARE	FOGONAZO — FLASH	LINTERNA — FLASLIGHT	FRASCO — FLASK
LISO — FLAT	APLANAR — TO FLATTEN	SABOR — FLAVOR	PULGA — FLEA
HUIR — TO FLEE	VELLÓN — FLEECE	ENTRADA EN CARNES — FLESH	FLOTAR — TO FLOAT
BANDADA — FLOCK	INUNDACIÓN — FLOAD	EL SUELO — FLOOR	HARINA — FLOUR
agua CORRE por el tubo — TO FLOW	FLOR — FLOWER	GRIPE — FLU	PELUSA — FLUFF

52

FLUIDO	MOSCA	CREMALLERA	VOLAR
FLUID	FLY	FLY	TO FLY
ESPUMA	NEBLINA	DOBLAR.	SEGUIR
FOAM	FOG	TO FOLD	TO FOLLOW
LA COMIDA	EL PIE	BALONPIÉ	PISADA
FOOD	FOOT	FOOTBALL	FOOTPRINT
PASOS	PARA, POR	FORZAR	LA FRENTE
FOOTSTEPS	FOR	TO FORCE	FORHEAD
BOSQUE	OLVIDAR	PERDONAR	TENEDOR
FOREST	TO FORGET	TO FORGIVE	FORK

CARRETILLA ELEVADORA	MANIQUÍ	FUERTE	DELANTERO
FORKSLIFT	FORM	FORT	FORWARD
FÓSIL	FÉTIDO	CIMIENTOS	FUENTE
FOSSIL	FOUL	FOUNDATION	FOUNTAIN
ZORRO	FRACCIÓN	FRÁGIL	MARCO
FOX	FRACTION	FRAGILE	FRAME
PECAS	LIBRE	CONGELAR	FRESCO
FRECKLE	FREE	TO FREEZE	FRESH
VIERNES	NEVERA	AMIGOS	ASUSTAR
FRIDAY	FRIDGE	FRIENDS	FRIGHTEN

54

RAMA	VIENE DE TRABAJAR	PARTE DELANTERA	ESCARCHA
FROG	FROM	FRONT	FROST
FRUNCIR EL CEÑO	FRUTA	FREIR	SARTÉN
TO BROWN	FRUIT	TO FRY	FRYING PAN
COMBUSTIBLE	LLENO	DIVERSIÓN	FONDO
FUEL	FULL	FUN	FUND
FUNERAL	EMBUDO	DIVERTIDO	ABRIGO DE PIELES
FUNERAL	FUNNEL	FUNNY	FUR COAT
CALDERA	MUEBLES	FUSIBLES	LANUDO
FURNACE	FURNITURE	FUSE	FURRY

G

VENTARRÓN	GALERÍA de ARTE	GALOPE
GALE	GALLERY	GALLOP

JUEGO	GANSO	PANDILLA	HUECO
GAME	GANDER	GANG	GAP

COCHERA	BASURA	CUBO DE BASURA	JARDÍN
GARAGE	GARBAGE	GARBAGE CAN	GARDEN

HACER GÁRGARAS	AJO	LIGAS	EL GAS
TO GAGLE	GARLIC	GARTER	GAS

GASOLINA	ACELERADOR	SURTIDOR	GASOLINERA
GAS	GAS PEDAL	GAS PUMP	GAS STATION

PORTÓN	RECOGER	ENGRANAJES	GEMA
GATE	TO GATHER	GEARS	GEM
GENERAL	GENEROSO	BONDADOSO	CABALLERO
GENERAL	GENEROUS	GENTLE	GENTLEMAN
un GENUINO canguro	GEOGRAFÍA	GERANIO	GERBO
GENUINE	GEOGRAPHY	GERANIUM	GERBIL
GÉRMENES	AGARRA	DEVOLVER	METERSE
GERM	GET	TO GET IT BACK	GET IN
BAJARSE	SUBIRSE	TIRAR LA BASURA	LEVANTARSE
TO GET OFF	TO GET ON	TO GET RID OF	TO GET UP

FANTASMA	GIGANTE	REGALO	GIGANTESCO
GHOST	GIANT	GIFT	GIGANTIC
REÍRSE TONTAMENTE	AGALLAS	JENGIBRE	PAN DE JENGIBRE
TO GIGGLE	GILLS	GINGER	GINGERBREAD
GITANO	JIRAFA	NIÑA	DAR
GIPSY	GIRAFFE	GIRL	TO GIVE
GLACIAR	ALEGRARSE	VIDRIO	DEVOLVER
GLACIER	TO GLAD	GLASS	TO GIVE BACK
ANTEOJOS	DESLIZARSE	VASO	RENDIRSE
GLASSES	TO GLIDE	GLASS	TO GIVE UP

PLANEADOR	GUANTES	GOMA	IR
GLIDER	GLOVES	PEGAMENTO	TO GO
ARCO	CABRA	LENTES PROTECTORES	BAJAR
GOAL	GOAT	GOGGLES	TO DO DOWN
ORO	PECES de COLORES	GOLF	ENTRAR
GOLD	GOLDFISH	GOLF	TO GO IN
puri es un niña muy BUENA	ADIOS	GANSA	SUBIR
GOOD	GOODBYE	GOOSE	TO GO UP
GROSELA SILVESTRE	HERMOSURA	GORILA	GOBERNAR
GOOSEBERRY	GORGEOUS	GORILLA	TO GOVERN

59

GOBIERNO	GOBERNADOR	ARREBATAR	GENTIL
GOVERNMENT	GOVERNOR	TO GRAB	GRACIOUS
GRADO	GRADUADO	GRAMO	GRAMÁTICA
GRADE	GRADUATED	GRAM	GRAMMAR
NIETO	ABUELO	ABUELA	GRANITO
GRANDCHILD	GRANDFATHER	GRANDMOTHER	GRANITE
CONCEDER	UN RACIMO DE UVAS	EL POMELO	GRÁFICO
TO GRANT	GRAPES	GRAPE FRUIT	GRAPH
EL CESPED	EL SALTAMONTES	RALLADOR	TUMBA
GRASS	GRASSHOPPER	GRATER	GRAVE

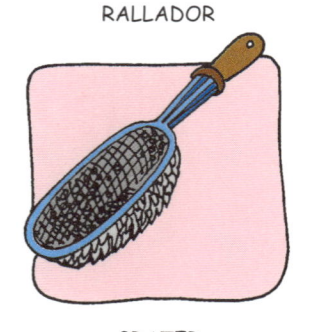

60

GRAVA	GRAVEDAD	PASTAR	GRASA
GRAVEL	GRAVITY	TO GRAZE	GREASE
MAGNÍFICO	AVARICIOSO	VERDE	JUDÍAS
GREAT	GREEDY	GREEN	GREEN BEAN
INVERNADERO	SALUDAR	UN DÍA GRIS	ASAR A LA PARRILLA
GREEN HOUSE	TO GREET	A GRAY DAY	TO GRILL
SUCIO, MUGRIENTO	SONREÍR	PICAR	AGARRARSE
GRIMY	TO GRIN	TO GRIND	TO GRIP
QUEJARSE	TENDERO	COMESTIBLES	EL NOVIO
TO GROAN	GROCER	GROCERIES	GROOM

MOZA DE CUADRA	ACICALARSE	RANURA	GRUESO
GROOM	TO GROOM	GROOVE	GROSS
SUELO	MARMOTA	GRUPO	CRECER
GROUND	GROUNDHOG	GROUP	TO GROW
GRUÑIR	ADULTO	VIGILAR	ADIVINAR
TO GROWL	GROWN-UP	TO GUARD	TO GUESS
HUÉSPED	CASA de HUÉSPEDES	CARCAJADA	CONDUCIR, GUIAR
GUEST	GUESTHOUSE	GUFFAW	TO GUIDE
GUÍA	INGENUO	CULPABLE	CONEJITO DE INDIAS
GUIDE BOOK	GUILELESS	GUILTY	GUINEA PIG

GUITARRA	GOLFO	GAVIOTA	TRAGAR
GUITAR	GULF	GULL	GULP
ENCÍAS	CHICLE	SENTIDO	REVOLVER
GUM	GUM	GUMPTION	GUN
PISTOLERO	PÓLVORA	DISPARO	GORJEAR
GUNMAN	GUNPOWDER	GUNSHOT	GURGLE
MANAR	RÁFAGA	CANAL	TIPO, TIPEJO, TÍO
GUSH	GUST	GUTTER	GUY
ENGULLIRSE	GIMNASIA	YESO	DAR VUELTAS
GUZZLE	GYM	GYPSUM	GYRATE

63

H

COSTUMBRE	ABADEJO	GRANIZO
HABIT	HADDOCK	HAIL

CABELLERA	CEPILLO PARA EL PELO	PELUQUERO	SECADOR de PELO
HAIR	HAIR BRUSH	HAIRDRESSER	HAIR DRYER

LA MITAD	VESTÍBULO	HERMANASTRO	PASILLO
HALF	HALL	HALFBROTHER	HALLWAY

DETENER, PARAR	MARTILLO	MARTILLEAR	HAMACA
TO HALT	HAMMER	TO HAMMER	HAMMOCK

HAMSTER	MANO	REPARTIR	FRENO DE MANO
HAMSTER	HAND	TO HAND OUT	HAND BRAKE

ESPOSAS	OBSTÁCULO	TIRADOR, ASA	BARANDA
HANDCUFFS	HANDICAP	HANDLE	HANDRAIL
APUESTO, GUAPO	DIESTRO, HÁBIL	COLGAR	AFERRARSE
HANDSOME	HANDY	TO HANG	TO HANG ON
HANGAR	COLGADOR	PAÑUELO	COLGAR
HANGAR	HANGER	HANDKERCHIEF	TO HANG UP
puede PASAR algo	CONTENTO	PUERTO	DURO
TO HAPPEN	TO BE HAPPY	HARBOUR	HARD
LIEBRE	HACER DAÑO	HARMÓNICA	ARNÉS
HARE	TO HARM	HARMONICA	HARNESS

HARPA	CRUDO INVIERNO	COSECHAR	SOMBRERO
HARP	A HARSH WINTER	TO HARVEST	HAT
EMPOLLAR	HACHUELA	ACARREAR	EMBRUJADA, ENCANTADA
TO HATCH	HATCHET	TO HAUL	HAUNTED
TENER JUGUETES	HALCÓN	HENO	BRUMA
TO HAVE TOYS	HAWK	HAY	HAZE
AVELLANO	AVELLANA	LA CABEZA	DOLOR DE CABEZA
HAZEL	HAZELNUT	HEAD	HEADACHE
CABECERO	SANANDO	FLOR LOZANA	BASURA
HEADREST	TO HEAL	HEALTHY FLOWER	HEAP

OIR	CORAZÓN	CALENTAR	RADIADOR
TO HEAR	HEART	TO HEAT	HEATER
LEVANTAR	EL CIELO	PESADO	SETO
TO HEAVE	HEAVEN	HEAVY	HEDGE
ERIZO	TALÓN	HELICÓPTERO	INFIERNO
HEDGEHOG	HEEL	HELICOPTER	HELL
¡HOLA!	TIMÓN	CASCO	AYUDAR
¡HELLO!	HELM	HELMET	TO HELP
INDEFENSOS	DOBLADILLO	HEMISFERIO	GALLINA
HELPLESS	HEM	HEMISPHERE	HEN

HEPTÁGONO	HIERBAS	REBAÑO	AQUÍ
HEPTAGON	HERBS	HERD	HERE
ERMITAÑO	HEROE	HEROÍNA	ARENQUE
HERMIT	HERO	HEROINE	HERRING
TITUBEAR	HEXÁGONO	HIBERNAR	HIPO
TO HESITATE	HEXAGON	TO HIBERNATE	HICCUP
CUERO	ESCODER	ESCONDITE	ALTO
HIDE	TO HIDE	HIDING PLACE	HIGH
SECUESTRO	RASCACIELOS	INSTITUTO	AUTOPISTA
HIGHJACK	HIGH-RISE	HIGH SCHOOL	HIGHWAY

COLINA	PATAS TRASERAS	BISAGRA	CADERA
HILL	HIND LEGS	HINGE	HIP
HIPOPÓTAMO	HISTORIA	GOLPEAR	COLMENA
HIPPOPOTAMUS	HISTORY	TO HIT	HIVE
ACAPARAR	RONCO	PASATIEMPO	HOCKEY
TO HOARD	HOARSE	HOBBY	HOCKEY
AZADA	SOSTENER	MAL SUJETADO	TEJO DE HOCKEY
HOE	TO HOLD	TO HOLD DOWN	HOCKEY PUCK
AGUJERO	VACACIONES	Las ardillas viven en troncos HUECOS	BASTÓN DE HOCKEY
HOLE	HOLIDAYS	HOLLOW	HOCKEY STICK

ACEBO	SAGRADO	EL HOGAR	TAREAS
HOLLY	HOLY	HOME	HOMEWORK
HONRADO	LA MIEL	PANAL	MELÓN
HONEST	HONEY	HONEYCOMB	HONEY DEW
TOCAR LA BOCINA	DISTINCIÓN	CAPUCHA	CAPÓ
TO HONK	HONOUR	HOOD	HOOD
CASCO	ANZUELO	ARO	BRINCAR
HOOF	HOOP	HOOP	TO HOP
ESPERAR	se romperá SIN REMEDIO	LA PATA COJA	HORIZONTE
TO HOPE	HOPELESS	HOPSCATCH	HORIZON

I

HIELO	HELADO	ICEBERG
ICE	ICECREAM	ICEBERG

CARÁMBANO	DECORAR UNA TARTA	IDEA	IDÉNTICO
ICICLE	ICING	IDEA	IDENTICAL

IDIOTA	OCIOSO	SI yo fuera	IGLÚ
IDIOT	IDLE	IF	IGLOO

LLAVE DE CONTACTO	ENFERMO	ALUMBRAR	ILUSTRACCIÓN
IGNITION KEY	ILL	TO ILLUMINATE	ILLUSTRATION

IMPORTANTE	estar EN casa	INCIENSO	PULGADA
IMPORTANT	IN	INCENSE	INCH

71

EL ÍNDICE	AÑIL O ÍNDIGO	DENTRO DE LA CASA	CRIATURA
INDEX	INDIGO	INDOORS	INFANT
INFECCIÓN	INFECCIOSO, CONTAGIOSO	DELATAR	HABITAR
INFECTION	INFECTIOUS	TO INFORM	TO INHABIT
INICIALES	INYECCIÓN	HERIDA	TINTA
INITIALS	INJECTION	INJURY	INK
INSECTOS	DENTRO	INSISTIR	INSPECCIONAR
INSECT	INSIDE	TO INSIST	TO INSPECT
EN LUGAR DE ESTE	ENSEÑANZA	INSTRUCTOR	INSPECTOR
INSTEAD	INSTRUCTION	INSTRUCTOR	INSPECTOR

ASEGURAR	CRUCE	ENTREVISTA	ENTRA
INSURE	INTERSECTION	INTERVIEW	INTO
PRESENTAR	INVADIR	INVÁLIDO	INVENTAR
TO INTRODUCE	TO INVADE	INVALID	TO INVENT
INVISIBLE	INVITACIÓN	INVITAR	LIRIO
INVISIBLE	INVITATION	TO INVITE	IRIS
PLANCHAR	PLANCHA	YELMO	ISLA
TO IRON	IRON	IRON MASI	ISLAND
PICAZÓN	PICAR	MARFIL	HIEDRA
ITCH	TO ITCH	IVORY	IVY

73

J

CODAZO — TO JAB	CHAQUETA — JACKET	FORRO, SOBRECUBIERTA — DUST JACKET
MELLADO — JAGGED	LA CÁRCEL — JAIL	MERMELADA — JAM	ATASCAR — TO JAM
ENERO — JANUARY	JARRO, FRASCO — JAR	MANDÍBULAS — JAW	PANTALÓN VAQUERO — JEANS
ABUCHEO — JEER	JALEA — JELLY	BROMEAR — JEST	MOTOR A REACCIÓN — JET ENGINE
JOYA — JEWEL	ROMPECABEZAS — JIGSAW	TRABAJO — JOB	CHORRO de AGUA — JET OF WATER

JOCKEY / JOCKEY	TROTAR / TO JOG	UNIR / TO JOIN	ARTICULACIÓN del CODO / JOINT
BROMA / JOKE	JUEZ / JUDGE	MALABARISTA / JUGGLAR	ZUMO / JUICE
JULIO / JULY	SALTAR / TO JUMP	SALTAR A / TO JUMP IN	SALTAR A / TO JUMP ON
SALTADOR / JUMPER	MONO / JUMPER	CABLES DE CIERRE / JUMPER CABLES	JUNIO / JUNE
SELVA / JUNGLE	JUNCO / JUNK	DESECHOS / JUNK	EN ESTE MOMENTO / JUST

K

CALEIDOSCOPIO	CANGURO	QUILLA
KALEIDOSCOPE	KANGAROO	KEEL

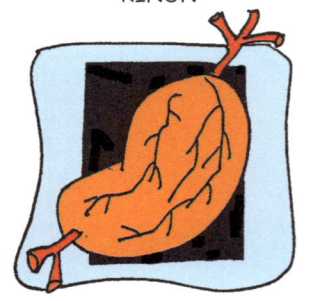

CASETA DE PERRO	GRANO	HERVIDOR	LLAVE
KENNEL	KERNEL	KETTLE	KEY

PATEAR	CHICO	CABRITO	SECUESTRAR
TO KICK	KID	KID	TO KIDNAP

RIÑÓN	MATAR	HORNO	UN KILOGRAMO
KIDNEY	TO KILL	KILN	KILOGRAM

UN KILÓMETRO	FALDA ESCOCESA	SIMPÁTICO	ENCENDER
KILOMETTER	KILT	KIND	KINDLE

REY / KING	MARTÍN PECADOR / KINGFISHER	QUIOSCO / KIOSK	PESCADO AHUMADO / KIPPERS
BESAR / TO KISS	BESO / KISS	COCINA / KITCHEN	COMETA / KITE
GATITOS / KITTEN	KIWI / KIWI	RODILLA / KNEE	ARRODILLARSE / TO KNEEL
CUCHILLO / KNIFE	TEJER / TO KNIT	EL POMO / KNOB	GOLPEAR / TO KNOCK
NUDO / KNOT	CONOCER / TO KNOW	LOS NUDILLOS / KNUCKLE	KOALA / KOALA BEAR

L

ETIQUETA	LABORATORIO	ENCAJE
LABEL	LABORATORY	LACE

ESCALERA	CUCHARÓN	SEÑORA	ATAR
LADDER	LADLE	LADY	TO LACE

LA MARIQUITA	CERVEZA RUBIA	GUARIDA	LAGO
LADY BIRD	LAGER	LAIR	LAKE

BORREGO	COJO	LÁMPARA	FAROL
LAMB	LAME	LAMP	LAMP POST

LANZA	TIERRA	ATERRIZAR	RELLANO
LANCE	LAND	TO LAND	LANDING

EL ARRENDADOR	CARRIL de AUTOPISTA	IDIOMA	FAROL, LÁMPARA
LANDLORD	LANE	LANGUAGE	LANTERN
REGAZO	SOLAPA	MANTECA	GRANDE
LAP	LAPEL	LARD	LARGE
ALONDRA	PESTAÑA	ÚLTIMO	PERDURABLE
LARK	LASH	LAST	LASTING
PASAR EL PESTILLO	LLEGAR TARDE	ESPUMA	REÍR
TO LATCH	TO LATE	LATHER	TO LAUGH
LANCHA	LANZAR	LAVAR Y PLANCHAR	ROPA SUCIA
LAUNCH	TO LAUNCH	LAUNDER	LAUNDRY

LAVANDERÍA	LAVANDA	LEY	CESPED
LAUNDRY	LAVANDER	LAW	LAWN
PONER	CAPAS	HOLGAZÁN	CORTADORA
TO LAY	LAYER UPON LAYER	LAZY	LAWN
LLEVAR	JEFE DE EQUIPO	HOJA	GOTEAR
TO LEAD	LEADER	LEAF	TO LEAK
INCLINAR	APRENDER	CORREA	CUERO
TO LEAN	TO LEARN	LEASH	LEATHER
COLOCAR	IRSE	ALFEIZAR	PUERRO
TO LEAVE	TO LEAVE	LEDGE	LEEK

GIRAR A LA IZQUIERDA	ZURDO	PIERNAS	LEYENDA
LEFT	LEFT HANDED	LEGS	LEGEND
LIMÓN	LIMONADA	PRESTAR	LENTE, CRISTAL
LEMON	LEMONADE	TO LEND	LENS
LEOPARDO	LEOTARDO	MENOS	LECCIÓN
LEOPARD	LEOTARD	LESS	LESSON
SUÉLTAME	LETRA	CARTA	LECHUGA
LET ME GO	LETTER	LETTER	LETTUCE
NIVEL	PALANCA	EMBUSTERO	BIBLIOTECA
LEVEL	LEVER	LIAR	LIBRARY

MATRÍCULA	LAMER	TAPA	MENTIR
LICENCE PLATE	TO LICK	LID	TO LIE
VIDA	BOTE SALVAVIDAS	LEVANTAR	RECOSTARSE
LIFE	LIFEBOAT	TO LIFT	TO LIE DOWN
LUZ	DAR LUZ	BOMBILLA	ALIGERAR
LIGHT	TO LIGHT	LIGHTBULB	LIGHTENS
FARO	RAYOS	PARARRAYOS	GUSTAR
LIGHTHOUSE	LIGHTNING	LIGHTNING ROD	TO LIKE
APROPIADO	LILAS	AZUCENAS	RAMA
LIKELY	LILAC	LILY	LIMB

LIMA	LÍMITE	COJEAR	LÍNEA RECTA
LIME	LIMIT	TO LIMP	LINE
ROPA BLANCA	TRANSATLÁNTICO	FORRO	ENLAZAR
LINEN	LINER	LINING	TO LINK
HILACHOS, PELUSAS	LEÓN	LABIOS	LÁPIZ de LABIOS
LINT	LION	LIPS	LIPSTICK
LÍQUIDO	LISTA	ESCUCHAR	UN LITRO
LIQUID	LIST	LISTENING	LITER
ENSUCIAR	PEQUEÑO	VIVIR	VIVARACHO
TO LITTER	LITTLE	TO LIVE	LIVELY

SALÓN / LIVING ROOM	LAGARTIJA / LIZARD	CARGAR / TO LOAD	CARGAR / TO LOAD
HOGAZA DE PAN / LOAF	PRESTAR / TO LOAN	LANGOSTA / LOBSTER	CERRAR LA LLAVE / TO LOCK
LOCOMOTORA / LOCOMOTIVE	LANGOSTA / LOCUST	ALBERGUE / LODGE	CERRADURA / LOCK
BUHARDILLA / LOFT	TRONCO / LOG	PIRULETA / LOLLIPOP	SOLITARIO / LONELY
LARGO / LONG	MIRAR / TO LOOK	TELAR / LOOM	LAZO / LOOP

HOLGADO	PERDER	SONIDO FUERTE	LOCIÓN
LOOSE	TO LOSE	LOUD	LOTION

ALTAVOZ	HOLGAZANEAR	AMOR	NOS QUEREMOS
LOUD SPEAKER	TO LOUNGE	LOVE	TO LOVE

PRECIOSA	BAJA	BAJAR	AFORTUNADO
LOVELY	LOW	TO LOWER	LUCKY

EQUIPAJE	TIBIO	CANCIÓN DE CUNA	MADERA
LUGGAGE	LUKEWARM	LULLABY	LUMBER

CHICHÓN	ALMUERZO	FIAMBRERA	PULMONES
LUMP	LUNCH	LUNCHBOY	LUNG

M

REVISTA	GUSANO	MAGIA
MAGAZINE	MAGGOT	MAGIC

MAGO	IMÁN	MAGNÍFICO	LUPA
MAGICIAN	MAGNET	MAGNIFICENT	MAGNIFYING GLASS

URRACA	CORREO	CARTERO	HACER
MAGPIE	MAIL	MAIL CARRIER	TO MAKE

MAQUILLAJE	MACHO	MAZO	EL HOMBRE
MAKEUP	MALE	MALLET	MAN

MANDARÍN	MANDOLINA	CRIN	MANGO
MANDARIN	MANDOLIN	MANE	MANGO

86

MODALES	MUCHOS, VARIOS	MAPA	MÁRMOL
MANNERS	MANY	MAP	MARBLE
CANICAS	MARCHAR	MARZO	YEGUA
MARBLES	TO MARCH	MARCH	MARE
CALÉNDULA	MARCAR	NOTAS	MERCADO
MARIGOLD	TO MARK	MARK	MARKET
CASARSE	PANTANO	MOLER	MÁSCARA
TO MARRY	MARSH	TO MASH	MASK
MASA	MÁSTIL	DOMINAR	PARTIDO
MASS	MAST	TO MASTER	MATCH

87

FÓSFOROS	MATEMÁTICAS	CUESTIÓN, MATERIA	COLCHÓN
MATCH	MATHEMATICS	MATTER	MATTRESS
MAYO	QUIZÁ	ALCALDE	LABERINTO
MAY	MAYBE	MAYOR	MAZE
PRADOS	EL SABANERO	LA COMIDA	MALO
MEADOW	MEADOWLARK	MEAL	MEAN
SARAMPIÓN	MEDIR	CARNE	MECÁNICO
MEASLES	TO MEASURE	MEAT	MECHANIC
MEDALLA	ANALGÉSICO	MEDIANO	ENCONTRARSE
MEDAL	MEDICINE	MEDIUM	TO MEET

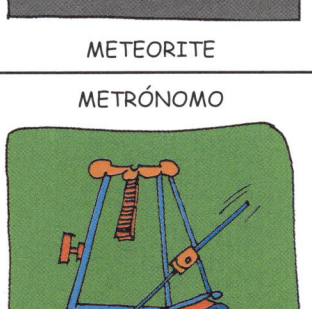

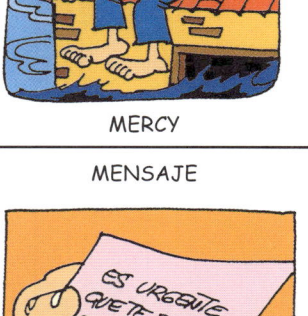

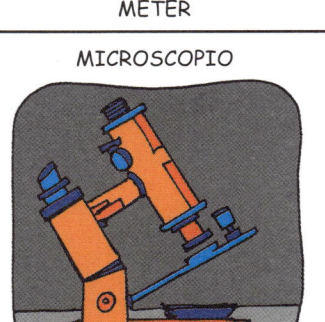

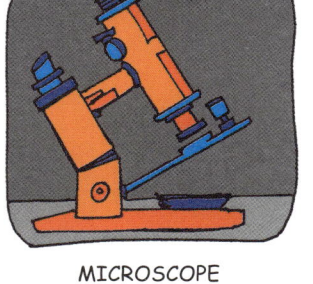

REUNIÓN	MELÓN	DERRETIR	MIEMBROS
MEETING	MELON	TO MELT	MEMBERS
MENÚ	QUEDAR A MERCED...	SIRENA	ALEGRE, FELIZ
MENU	MERCY	MERMAID	MERRY
DESORDEN	MENSAJE	MENSAJERO	METAL
MESS	MESSAGE	MESSENGER	METAL
METEORITO	MEDIDOR	METRO	MÉTODO
METEORITE	METER	METER	METHOD
METRÓNOMO	MICRÓFONO	MICROSCOPIO	HORNO MICROONDAS
METRONOME	MICROPHONE	MICROSCOPE	MICROWAVE OVEN

MEDIODÍA	MEDIO	ENANO	MEDIANOCHE
MIDDAY	MIDDLE	MIDGET	MIDNIGHT
MILLA	LECHE	MOLINO	MENTE
MILE	MILK	MILL	MIND
MINA	MINEROS	MINERALES	PECECILLO
MINE	MINER	MINERALS	MINNOW
MENTA	MENOS	MINUTO	MILAGRO
MINT	MINUS	MINUTE	MIRACLE
ESPEJISMO	ESPEJO	AVARO	AÑORAR
MIRAGE	MIRROR	MISER	TO MISS

MISIL	NIEBLA	MUÉRDAGO	MANOPLAS
MISSILE	MIST	MISTLETOE	MITTENS
MEZCLAR	BATIDORA	FOSO	BURLARSE
TO MIX	MIXER	MOAT	TO MOCK
SINSONTE	A ESCALA	MODERNO	MOJADO
MOCKINGBIRD	MODEL	MODERN	MOIST
TOPO	LUNAR	MOMENTO	LUNES
MOLE	MOLE	MOMENT	MONDAY
DINERO	MONO	ANGELOTE	MONSTRUO
MONEY	MONKEY	MONKFISH	MONSTER

MESES / MONTH	MONUMENTO / MONUMENT	HUMOR / MOOD	MAL GENIO / BAD MOOD
LUNA / MOON	ALCE / MOOSE	MAÑANA / MORNING	MORTERO / MORTAR
MOSAICO / MOSAIC	MOSQUITO / MOSQUITO	MUSGO / MOSS	MADRE / MOTHER
MOTOR / MOTOR	MOTOCICLETA / MOTORCYCLE	MOLDE / MOULD	MONTÍCULO / MOUND
MONTAR / TO MOUNT	MONTAÑA / MOUNTAIN	RATÓN / MOUSE	BIGOTE / MOUSTACHE

BOCA	BOCADO	BOQUILLA	MOVIMIENTO
MOUTH	MOUTHFUL	MOUTHPIECE	MOVE
PELÍCULA	SEGAR	MUCHO	BARRO
MOVIE	TO MOW	MUCH	MUD
MULTIPLICAR	MUCHEDUMBRE	MASCAR	PAPERAS
TO MULTIPLY	MULTITUDE	MUNCH	MUMPS
ASESINAR	MÚSCULOS	MUSEO	HONGOS
TO MURDER	MUSCLE	MUSEUM	MUSHROOM
MÚSICA	MÚSICO	MOSQUETERO	MEJILLONES
MUSIC	MUSICIAN	MUSKETEER	MUSSEL

MUSULMÁN	TIENE QUE pagar	MOSTAZA	HUMEDAD
MUSSULMAN	YOU MUST pay	MUSTARD	MUSTY
MUDO	SORDO	AMOTINADO	REFUNFUÑAR
MUTE	MUTED	MUTINEER	TO MUTTER
CARNE DE CORDERO	MUTUO acuerdo	BOZAL	MI libro
MUTTON	MUTUAL	MUZZLE	MY book
MIOPÍA	A MÍ MISMO	MISTERIOSO	MÍSTICO
MYOPIA	MYSELF	MYSTERIOUS	MYSTIC
DEJAR PERPLEJO	MISTERIO	MITO	MITOLOGÍA
MYSTIFY	MYSTIQUE	MYTH	MYTHOLOGY

94

N

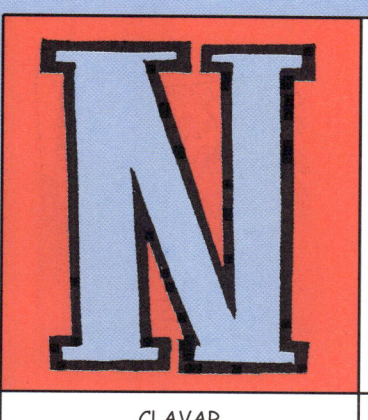

CLAVO	UÑA	CORTAUÑAS
NAIL	FINGER NAIL	NAIL CLIPPER

CLAVAR	DESNUDOS	NOMBRE	SERVILLETA
TO NAIL	NAKED	NAME	NAPKIN

ESTRECHO	NACIÓN	NATURAL	NATURALEZA
NARROW	NATION	NATURAL	NATURE

REVOLTOSO	NAVEGAR	CERCA	ASEADO
NAUGHTY	TO NAVIGATE	NEAR	NEAT

NECESARIO	EL CUELLO	COLLAR	NÉCTAR
NECESSARY	NECK	NECKLACE	NECTAR

MELOCOTÓN	APURO	NECESITAR	AGUJA
NECTARINE	NEED	TO NEED	NEEDLE
DESCUIDAR	RELINCHAR	VECINOS	NINGUNO
NEGLECT	TO NEIGH	NEIGHBORS	NEITHER
NEÓN	SOBRINO	NERVIOS	NERVIOSO
NEON	NEPHEW	NERVE	NERVOUS
NIDO	ORTIGA	NUNCA	NUEVO
NEST	NETTLE	NEVER	NEW
NOTICIAS	PERIÓDICO	PRÓXIMO	MORDISQUEAR
NEWS	NEWSPAPER	NEXT	TO NIBBLE

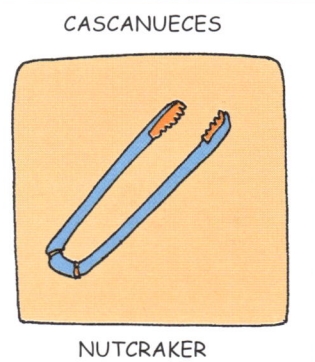

BUEN	NÍQUEL	SOBRENOMBRE	SOBRINA
NICE	NICKEL	NICK NAME	NIECE
NOCHE	RUISEÑOR	PESADILLA	NUEVE
NIGHT	NIGHTINGALE	NIGHTMARE	NINE
NOVENO	NO	NOBLE	UN NOBLE
NINTH	NO	NOBLE	NOBLEMAN
NADIE	RUIDO	MEDIODÍA	NORTE
NOBODY	NOISE	NOON	NORTH
NARIZ	NUECES	CASCANUECES	CHALADO
NOSE	NUTS	NUTCRAKER	NUTTER

O

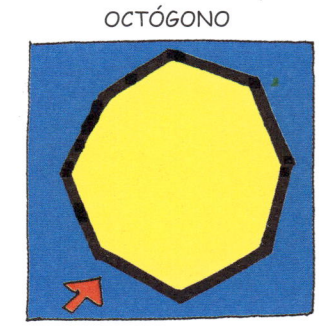

EL ROBLE	REMOS	OASIS
OAK	OAR	OASIS

RECTANGULAR	OBSERVAR	OCÉANO	OCTÓGONO
OBLONG	TO OBSERVE	OCEAN	OCTAGON

OCTUBRE	PULPO	CUENTAKILÓMETROS	OLOR
OCTOBER	OCTOPUS	ODOMETER	ODOUR

RARO, FUERA, APAGADO	OFRECER	EL OFICIAL	FRECUENTEMENTE
OFF	TO OFFER	OFFICER	OFTEN

ACEITE	POMADA	VIEJO	ACEITUNAS, OLIVAS
OIL	OINTMENT	OLD	OLIVE

TORTILLA	ENCIMA	UNA VEZ	EL NÚMERO UNO
OMELETTE	ON	ONCE	ONE
CEBOLLA	ÚNICO	ABIERTO	ABRIR
ONION	ONLY	OPEN	TO OPEN
OPERACIÓN	LA ZARIGÜEYA	EN FRENTE	O, U
OPERATION	OPOSSUM	OPPOSITE	OR
LA NARANJA	COLOR NARANJA	HUERTO	ORQUESTA
ORANGE	ORANGE	ORCHARD	ORCHESTRA
ORQUÍDEA	PEDIR	ORÉGANO	ÓRGANO
ORCHID	TO ORDER	OREGANO	ORGAN

OROPÉNDOLA	HUÉRFANO	AVESTRUZ	NUTRIA
ORIOLE	ORPHAN	OSTRICH	OTTER
ONZA	AIRE LIBRE	INDUMENTARIA	OVALADO
OUNCE	OUTDOORS	OUTFIT	OVAL
HORNO	AL AGUA	EL ABRIGO	REBOSAR
OVEN	OVERBOARD	OVERCOAT	TO OVERFLOW
CHANCLA	VOLCARSE	DEBER	BÚHO
OVERSHOE	TO OVERTURN	TO OWE	OWL
SER DUEÑO	BUEY	OXÍGENO	OSTRA
TO OWN	OX	OXYGEN	OYSTER

P

EMPAQUETAR	PAQUETE	BLOC
TO PACK	PACKAGE	PAD

PLATAFORMA	PALA	REMAR	CANDADO
PAD	PADDLE	TO PADDLE	PADLOCK

PÁGINA	BALDE	DOLOR	PINTURA
PAGE	PAIL	PAIN	PAINT

PINTURA FRESCA	PINTOR	PINTAR	BROCHA
WEIT PAINT	PAINTER	TO PAINT	PAINTBRUSH

PINTURA	UN PAR	PALACIO	PÁLIDO
PAINTING	A PAIR	PALACE	PALE

PALETA	PALMA	FUENTE	PANQUEQUE
PALETTE	PALM	PAN	PANCAKE
OSO PANDA	TABLERO	DOLOR MUY AGUDO	PENSAMIENTO
PANDA	PANEL	PANG	PANSY
JADEAR	PANTERA	PANTALONES	PAPAYA
TO PANT	PANTHER	PANTS	PAPAYA
PAPEL	PARACAÍDAS	DESFILE	LÍNEAS PARALELAS
PAPER	PARACHUTE	PARADE	PARALELL LINES
PARALIZADO	PAQUETE	PADRES	PARQUE
PARALIZED	PARCEL	PARENTS	PARK

102

APARCAR	LENGUAGE	PARLAMENTO	SALÓN DE BELLEZA
TO PARK	PARLANCE	PARLIAMENT	PARLOUR
PARODIAR	LORO	DESVIAR	TACAÑO
PARODY	PARROT	TO PARRY	PARSIMONIOUS
PEREJIL	CHIRIVIA	PÁRROCO	PIEZA
PARSLEY	PARSNIP	PARSON	PART
PARTICIPAR	PARTÍCULA	FIESTA	ADELANTAR
PARTICIPATE	PARTICLE	PARTY	TO PASS
PASADIZO	TRANSEUNTE	PASAJERO	PASIÓN
PASSAGE	PASSER-BY	PASSING	PASSION

103

PASAPORTE / PASSPORT	CONTRASEÑA / PASSWORD	PASADO / PAST	FIDEOS, PASTA / PASTE
ENGRUDO / PASTE	CARTÓN / PASTEBOARD	PASATIEMPO / PASTIME	PASTEL / PASTRY
PASTO / PASTURE	REMIENDO / PATCH	SENDERO / PATH	PACIENTE / PATIENT
PACIENTE / PATIENT	PATRÓN / PATTERN	HACER UNA PAUSA / TO PAUSE	PAVIMENTO / PAVEMENT
PAGAR / TO PAY	TELÉFONO PÚBLICO / PAY PHONE	GUISANTE / PEA	PAZ / PEACE

104

MELOCOTÓN	PAVO REAL	CUMBRE	REPIQUE DE CAMPANAS
PEACH	PEACOCK	PEAK	PEAL OF BELLS
CACAHUETE	PERA	PERLA	INCULTO
PEANUT	PEAR	PEARL	PEASANT
GUIJARRO	PICOTAZO	PEDAL	PEATÓN
PEBBLE	PECK	PEDAL	PEDESTRIAN
PASO DE CEBRA	PELAR	MIRILLA	PERCHA, COLGADOR
PEDESTRIAN CROSSING	TO PEEL	PEEP-HOLE	PEG
PELÍCANO	CORRER A TODA VELOCIDAD	PLUMA	CASTIGO
PELICAN	PELT RUN	PEN	PENALTY

LÁPIZ	PENDIENTE	AMIGO POR CORRESPONDENCIA	PINGÜINO
PENCIL	PENDING	PENFRIEND	PENGUIN
CORTAPLUMAS	PENTÁGONO	GENTE	PIMIENTO
PENKNIFE	PENTAGON	PEOPLE	PEPPER
MENTA	PERCA	POSARSE	ACTUACIÓN
PEPPERMINT	PERCH	TO PERCH	PERFORMANCE
PERFUME	PUNTO ORTOGRÁFICO	PERÍMETRO	PERISCOPIO
PERFUME	PERIOD	PERIMETER	PERISCOPY
PERSONA	PLAGA	IMPORTUNAR	MASCOTA
PERSON	PEST	TO PESTER	PET

106

ACARICIAR ANIMAL DOMÉSTICO	PÉTALOS	PETUNIA	FARMACÉUTICO
TO PET	PETAL	PETUNIA	PHARMACIST
FARMACIA	FARINGITIS	TELÉFONO	FOTOGRAFÍA
PHARMACY	PHARYNGITIS	PHONE	PHOTOGRAPH
PIANO	ESCOGER CARTA	LEVANTAR	PICO
PIANO	TO PICK	TO PICK UP	PICKAXE
CARTERISTA	MERIENDA CAMPESTRE	CUADRO-PINTURA	TARTA
PICKPOCKET	PICNIC	PICTURE	PIE
TROZO DE TARTA	JUNTAR, PEGAR	MUELLE	CERDO
A PIECE OF PIE	TO PIECE	PIER	PIG

PALOMA	POCILGA	MONTÓN	PÍLDORA
PIGEON	PIGSTY	PILE	PILL
PILAR	ALMOHADA	PILOTO	ESPINILLA
PILLAR	PILLOW	PILOT	PIMPLE
TENAZAS	PELLIZCAR	PINO	PIÑA
PINCERS	TO PINCH	PINE	PINEAPPLE
COLOR ROSA	PIPA	PIRATA	PISTOLA
PINK	PIPE	PIRATE	PISTOL
LANZAR	ALQUITRÁN	CÁNTARO	HORQUILLA
TO PITCH	PITCH TAR	PITCHER	PITCHFORK

LASTIMOSO	PIEDAD	DUENDECILLO	PANCARTA
PITEOUS	PITY	PIXIE	PLACARD
LUGAR	PLATIJA	CLARO, EVIDENTE	EL LLANO
PLACE	PLAICE	PLAIN	PLAIN
CAMISA LISA	PROYECTAR	CEPILLO DE CARPINTERO	PLANETAS
PLAIN SHIRT	TO PLAN	PLANE	PLANETS
TABLÓN	PLANTA	PLANTAR	PLACA
PLANK	PLANT	TO PLANT	PLAQUE
ESCAYOLA, YESO	PLÁSTICO	PLASTILINA	PLATO
PLASTER	PLASTIC	PLASTICINE	PLATE

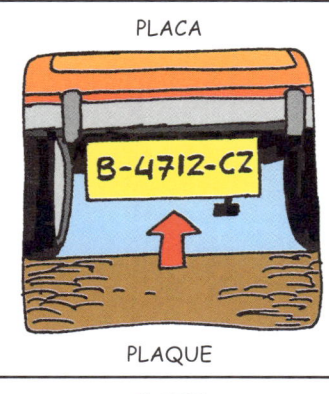

MESETA / PLATEAU	ANDÉN / PLATFORM	JUGAR / TO PLAY	EL PATIO / PLAYGROUND
JUEGO DE CARTAS / PLAYING CARDS	RECREO / PLAYTIME	SUPLICAR / TO PLEAD	DÍA AGRADABLE / A PLEASANT DAY
POR FAVOR / PLEASE	PLIEGUES / PLEAT	ALICATES / PLIERS	DESPLUMAR / TO PLUCK
ENCHUFE / PLUG	TAPÓN / PLUG	CIRUELA / PLUM	FONTANERO / PLUMBER
ROLLIZO / PLUMP	MÁS / PLUS	LUJOSO / PLUSH	COCER / TO POACH

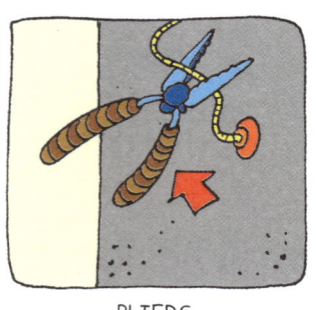

BOLSILLO	LA VAINA DE GUISANTES	POEMA	APUNTAR
POCKET	PEA POD	POEM	TO POINT

PUNTA	PUNTIAGUDO	VENENO	VENENOSO
POINT	POINTED	POISON	POISONOUS

EMPUJAR	OSO POLAR	POSTE	POLICÍA
TO POKE	POLAR BEAR	POLE	POLICEMAN

MUJER POLICÍA	LUSTRAR	ATENTO, EDUCADO	POLEN
POLICEWOMAN	TO POLISH	POLITE	POLLEN

GRANADA	ESTANQUE	CABALLITO ENANO	PISCINA
POMEGRANATE	POND	PONY	POOL

POBRE	TAPONAZO	ÁLAMO	AMAPOLA
POOR	POP	POPLAR	POPPY
PORCHE	POROS	PUERTO	PORTÁTIL
PORCH	PORES	PORT	PORTABLE
MOZO DE CUERDA	RETRATO	ECHAR EL CORREO	TARJETA POSTAL
PORTER	PORTRAIT	TO POST	POSTCARD
CARTEL	OFICINA DE CORREOS	LA OLLA	PATATA
POSTER	POST OFFICE	POT	POTATO
ALFARERÍA	BOLSA	ABALANZARSE	LIBRA
POTTERY	POUCH	TO POUNCE	POUND

GOLPEAR / TO POUND	VERTER / TO POUR	HACER PUCHEROS / TO POUT	POLVOS DE TALCO / POWDER
ENSAYAR / TO PRACTICE	PRADERA / PRAIRIE	ELOGIAR / TO PRAISE	HACER CABRIOLAS / TO PRANCE
REZAR / TO PRAY	PREFERIR / TO PREFER	EMBARAZADA / PREGNANT	PRESENTAR / TO PRESENT
OBSEQUIO, REGALO / PRESENT	HACER ENTREGA / TO PRESENT	CONSERVAS / PRESERVES	PULSAR / TO PRESS
BONITA / PRETTY	PRESA / PREY	PRECIO / PRICE	el amor NO TIENE PRECIO / PRICELESS

PINCHAZO / PRICK	ESPINOSO / PRICKLY	ORGULLO / PRIDE	SACERDOTE / PRIEST
PRESUNTUOSO / PRIG	PRIMARIA / PRIMARY	PRIMAVERA / PRIMROSE	PRÍNCIPE / PRINCE
PRINCESA / PRINCESS	DIRECTOR / PRINCIPAL	PRINCIPIO / PRINCIPLE	IMPRIMIR / TO PRINT
LEVANTAR CON PALANCA / PRISE	PRISMA / PRISM	PRISIÓN / PRISON	PRESO / PRISONER
PRIVADO / PRIVATE	PREMIO / PRIZE	PROBABILIDAD / PROBABILITY	SONDAR / TO PROBE

PROBLEMA / PROBLEM	FRUTAS Y VERDURAS / PRODUCE	PRODUCTOR / PRODUCES	PROGRAMA / PROGRAM
PROHIBIDO / PROHIBITED	PROYECTO / PROJECT	PROMETER / TO PROMISE	PUNTA / PRONG
PRONUNCIAR / TO PRONOUNCE	PRUEBA / PROOF	APUNTALAR / TO PROP	HÉLICE / PROPELLER
BIEN VESTIDO / PROPERLY DRESSED	PROPIEDAD / PROPERTY	PROTESTAR / TO PROTEST	DEMOSTRAR / TO PROVE
PROVERBIO / PROVERB	PROPORCIONAR una recomendación / TO PROVIDE	CIRUELA PASA / PRUNE	PODAR / TO PRUNE

115

PÚBLICO	PUDIN	CHARCO	BOCANADAS
PUBLIC	PUDDING	PUDDLE	TO PUFF
FRAILECILLO	TIRAR	POLEA	PULLOVER, SUETER
PUFFIN	TO PULL	PULLEY	PULLOVER
PULPA	PÚLPITO	PULSO	PULSO
PULP	PULPIT	PULSATION	PULSE
PULVERIZAR	PUMA	BOMBA	BOMBEAR
PULVERIZE	PUMA	PUMP	TO PUMP
CALABAZA	JUEGO DE PALABRAS	DAR PUÑETAZOS	PUNTUAL
PUMPKIN	PUN	TO PUNCH	PUNCTUAL

PINCHAR	CASTIGAR	CASTIGO	TÍTERE
TO PUNCTURE	TO PUNISH	PUNISHMENT	PUPPET
CACHORRO	AGUA PURA	MORADO, PÚRPURA	RONRONEAR
PUPPY	PURE WATER	PURPLE	TO PURR
BOLSO, CARTERA	PERSEGUIR	EMPUJAR	PONER
PURSE	TO PURSUE	TO PUSH	TO PUT
GUARDAR	POSTERGAR	MASILLA	ROMPECABEZAS
TO PUT AWAY	TO PUT OFF	PUTTY	PUZZLE
PIJAMA	PIRÁMIDE	Serpiente PITÓN	HOGUERA
PYJAMA	PYRAMID	PYTHON	PYRE

Q

GRAZNAR	PATIO INTERIOR	CUADRÚPEDO
QUACK	QUAD	QUADRUPED

CODORNIZ	PINTORESCO	TERREMOTO	TÍTULO
QUAIL	QUAINT	QUAKE	QUALIFICATION

CAPACITADO	DUDA	DILEMA	CANTIDAD
QUALIFIED	QUALM	QUANDARY	QUANTITY

RIÑA	PENDENCIERO	CANTERA	UN CUARTO
TO QUARREL	QUARRELSOME	QUARRY	QUARTER

TRIMESTRAL	INTENDENCIA	CUARTETO	CUARZO
QUATERLY	QUARTERMASTER	QUARTET	QUARTZ

ANULAR	TEMBLAR	MUELLE	MAREADO
QUASH	QUAVER	QUAY	QUEASY
REINA	SACIAR	QUEJUMBROSO	BÚSQUEDA
QUEEN	QUELL	QUERULOUS	QUEST
PREGUNTA	HACER COLA	RÁPIDO	ARENAS MOVEDIZAS
QUESTION	QUEUE	QUICK	QUICKSAND
TRANQUILO	PLUMA	PÚA	COLCHA
QUIET	QUILL	QUILL	QUILT
MEMBRILLO	CARCAJ	CONCURSO	COCIENTE
QUINCE	QUIVER	QUIZ	QUOTIENT

R

CONEJO / RABBIT	MAPACHE / RACCOON	CARRERA / TO RACE
PERCHA / RACK	ALBOROTO / RACKET	RADIADOR / RADIATOR	RADIO / RADIO
RÁBANOS / RADISH	RADIO GEOMÉTRICO / RADIUS	BALSA / RAFT	INVASIÓN / RAID
BARANDILLA / RAIL	VÍA FÉRREA / RAILROAD TRACK	LLUVIA / RAIN	ARCO IRIS / RAIN BOW
IMPERMEABLE / RAINCOAT	LLUVIOSO / RAINY	UVAS PASAS / RAISIN	RASTRILLO / RAKE

GOLPEAR LA PUERTA / TO RAP	RÁPIDO / RAPID	RARO / RARE	SARPULLIDO / RASH
FRAMBUESAS / RASPBERRY	RATA / RAT	SONAJERO / RATTLE	SERPIENTE DE CASCABEL / RATTLESNAKE
CUERVO / RAVEN	HAMBRIENTO / RAVENOUS	BARRANCO / RAVINE	HUEVO CRUDO / RAW EGG
RAYO DE LUZ / RAY OF SUNLIGHT	MÁQUINA DE AFEITAR / RAZOR	ALCANZAR / TO REACH	LEER / TO READ
LISTO PARA... / READY	VERDADERO / REAL	DARSE CUENTA / TO REALIZE	¿DE VERAS? / REALLY?

TRASERO	RETROVISOR	RAZONAR, DISCUTIR	MÓDICO, RAZONABLE
REAR	REARVIEW MIRROR	TO REASON	REASONABLE
REBELARSE	ACORDARSE	RECIBIR	RECIÉN
TO REBEL	RECALL	TO RECEIVE	RECENTLY
RECETA	RECITAR	DISCO	TOCADISCOS
RECIPE	TO RECITE	RECORD	RECORD PLAYER
RECUPERARSE	RECTÁNGULO	ROJO	CAÑA, JUNCO
TO RECOVER	RECTANGLE	RED	REED
ARRECIFE	APESTA	CARRETE	ÁRBITRO
REEF	TO REEK	REEL	REFEREE

REFLEJOS	NEVERA	RECHAZAR	REGIÓN
REFLECTION	REFRIGERATOR	TO REFUSE	REGION
INSCRIBIRSE	LAMENTAR	ENSAYO	RENO
TO REGISTER	TO REGRET	REHEARSE	REINDEER
RIENDAS	PARIENTES	DESCANSAR	LIBERAR
REINS	RELATIVES	RELAX	TO RELEASE
ACORDARSE	REMOTO	SACAR, QUITAR	ALQUILAR
REMEMBER	REMOTE	TO REMOVE	TO RENT
ARREGLAR, REPARAR	REPETIR	CAMBIAR, REPONER	RESPONDER
TO REPAIR	TO REPEAT	TO REPLACE	TO REPLY

REPTIL / REPTILE	RESCATAR / TO RESCUE	TANQUE, DEPÓSITO / RESERVOIR	RESPONSABLE / RESPONSIBLE
DESCANSAR / TO REST	RESTAURANTE / RESTAURANT	VOLVER / TO RETURN	MARCHA ATRÁS / REVERSE
RINOCERONTE / RHINOCEROS	RUIBARBO / RHUBARB	RIMA / RHYME	COSTILLA / RIB
CINTA / RIBBON	ARROZ / RICE	RICO / RICH	MISTERIO / RIDDLE
MONTAR, CABALGAR / TO RIDE A HORSE	CERRO / RIDGE	DERECHA / RIGHT	LEGÍTIMO / RIGHTFUL

DIESTRO	CÁSCARA O PIEL	ANILLO	TIMBRE
RIGHT HAND	RIND	RING	RING
PISTA DE HIELO	ENJUAGAR	MOTÍN	RASGAR
RINK	TO RINSE	RIOT	TO RIP
MADURA	OLAS	APARECER	RIESGO
RIPE	RIPPLE	TO RISES	RISK
RIVALES	RÍO	CARRETERA	RUGIR
RIVALS	RIVER	ROAD	TO ROAR
ASADO	LADRÓN	PETIRROJO	ROCA
ROAST	ROBBER	ROBIN	ROCK

BALANCEARSE	COHETE	MECEDORA	CAÑA DE PESCAR
TO ROCK	ROCKET	ROCKING CHAIR	ROD
ROLLO	RODAR	PATINES	RODILLO
ROLL	TO ROLL	ROLLER SKATE	ROLLING PIN
TECHO	HABITACIÓN	PALO DE GALLINERO	RAÍZ
ROOF	ROOM	ROOST	ROOT
SOGA	ROSA	ROMERO	SONROSADO
ROPE	ROSE	ROSEMARY	ROSY
PODRIDO	ÁSPERO	REDONDO	FILA
ROTTEN	ROUGH	ROUND	ROW

REMAR / TO ROW	REAL DECRETO / ROYAL	CAUCHO / RUBBER	BASURA / RUBBISH
RUBÍ / RUBY	TIMÓN / RUDDER	GROSERO / RUDE	ESCARPADO / RUGGED
RUINAS / RUIN	REGLA / RULE	GOBERNANTE / RULER	RETUMBO / RUMBLE
CORRER / TO RUN	HUIR / TO RUN AWAY	ATROPELLAR / TO RUN OVER	AGOTARSE / TO RUN OUT OF ENERGY
DARSE PRISA / TO RUSH	OXIDADO / RUST	BACHE / RUT	CENTENO / RYE

S

SACO / SACK	SACRIFICIO / SACRIFICE	TRISTE / SAD

MONTURA / SADDLE	CAJA FUERTE / SAFE	VELA / SAIL	TABLA MARINA / SAILBOARD

VELERO / SAILBOAT	MARINERO / SAILOR	ENSALADA / SALAD	LIQUIDACIÓN / SALE

SALMÓN / SALMON	SAL / SALT	SALUDAR / TO SALUTE	IGUAL / SAME

ARENA / SAND	SANDALIA / SANDAL	BOCADILLO / SANDWICH	SAVIA / SAP

SARDINA / SARDINE	SATÉLITE / SATELLITE	VESTIDO DE RASO / SATIN DRESS	SÁBADO / SATURDAY
SALSA / SAUCE	SALCHICHA / SAUSAGE	AHORRAR / TO SAVE	SERRUCHO / SAW
SERRAR / TO SAW	SERRÍN / SAWDUST	YO DIGO / I SAY	ANDAMIO / SCAFFOLDING
ESCALDARSE / TO SCALD	BALANZA / SCALE	CUERO CABELLUDO / SCALP	CIGALAS / SCAMPI
CICATRIZ / SCAR	ASUSTAR / TO SCARE	ESPANTAPÁJAROS / SCARE CROW	BUFANDA / SCARF

129

ESCARLATA	MIEDO, TERROR	DERRAMAR	CABEZA DE CHORLITO
SCARLET	SCARY	SCATTER	SCATTERBRAIN
BUSCAR ENTRE LA BASURA	GUIÓN	ESCENA	PAISAJE
SCAVENGE	SCENARIO	SCENE	SCENERY
PERFUME	CETRO	LISTA, HORARIO	INTRIGA, ARDID
SCENT	SCEPTRE	SCHEDULE	SCHEME
SABER	ESCUELA	ALUMNO	ESTUDIOS
SCHOLARSHIP	SCHOOL	SCHOOLCHILD	SCHOOLING
PROFESOR	PROFESORA	CIENTÍFICO	TIJERAS
SCHOOLMASTER	SCHOOLMISTRESS	SCIENTIST	SCISSORS

PALA	MOTOCICLETA	CHAMUSCAR	RESULTADO
SCOOP	SCOOTER	TO SCORCH	SCORE
EXPLORADOR	PEDAZOS	RASPADURA	RASPADOR
SCOUT	SCRAPS	SCRAPE	SCRAPER
REJILLA	TORNILLO	DESTORNILLADOR	FREGAR (EL SUELO)
SCREEN	SCREW	SCREWDRIVER	TO SCRUB
ESCULTOR	MAR	GAVIOTA	CABALLO DE MAR
SCULPTOR	SEA	SEAGULL	SEAHORSE
FOCA	COSTURA	BUSCAR, EXPLORAR	REFLECTOR
SEAL	SEAM	TO SEARCH	SEARCHLIGHT

ESTACIONES DEL AÑO	ASIENTO	CINTURÓN DE SEGURIDAD	ALGAS
SEASONS	SEAT	SEAT BELT	SEAWEED
SEGUNDO	SECRETO	VER	BALANCÍN
SECOND	SECRET	TO SEE	SEE-SAW
SEMILLA	PARECE DE Miró	AGARRAR	EGOÍSTA
SEEP	IT SEEMS	TO SEIZE	SELFISH
EGOÍSMO	DESINTERESADO	ALTIVO	AUTOSERVICIO
SELFISHNESS	SELFLESS	SELF RIGHTEOUS	SELF SERVICE
VENDER	SEMICÍRCULO	ENVIAR	SENSIBLE
TO SELL	SEMICIRCLE	TO SEND	SENSITIVE

FRASE	CENTINELA	SEPTIEMBRE	SERVIR
SENTENCE	SENTRY	SEPTEMBER	TO SERVE
SIETE	SÉPTIMO	VARIOS	COSER
SEVEN	SEVENTH	SEVERAL	TO SEW
MÁQUINA DE COSER	HARAPIENTO	CHOZA	SOMBRA
SEWING MACHINE	SHABBY	SHACK	SHADOW
DESGREÑADO	SACUDIR, AGITAR	POCO PROFUNDO	CHAMPÚ
SHAGGY	TO SHAKE	SHALLOW	SHAMPOO
CERVEZA CON GASEOSA	FIGURA	SIN FORMA	COMPARTIR
SHANDY	SHAPE	SHAPELESS	TO SHARE

TIBURÓN	AFILADO	AFILADOR	SACAPUNTAS
SHARK	SHARP	SHARPENER	SHARPENER
HACERSE AÑICOS	AFEITARSE	CIZALLA	FUNDA
TO SHATTER	TO SHAVE	SHEARS	SHEATH
OVEJA	SÁBANA	ESTANTE	CONCHA
SHEEP	SHEET	SHELF	SHELL
ESCUDO	ESPINILLA	BRILLAR	TEJADO, TEJAS
SHIELD	SHIN	TO SHINE	SHINGLE
HERPES	BRILLANTE	NAVE	NAUFRAGIO
SHINGLES	SHINY	SHIP	SHIPWRECK

CAMISA	TEMBLAR	SACUDIDA	ZAPATOS
SHIRT	TO SHIVER	SHOCK	SHOES
CORDONES	ZAPATERO	DISPARAR	TIENDA
SHOELACE	SHOEMAKER	TO SHOOT	SHOP
TENDERO	ESCAPARATE	ORILLA	BAJO
SHOPKEEPER	SHOP WINDOW	SHORE	SHORT
PANTALONES CORTOS	HOMBRO	GRITAR	EMPUJAR
SHORTS	SHOULDER	SHOUT	TO SHOVE
USAR LA PALA	MOSTRAR, ENSEÑAR	FANFARRONEAR	LLEGAR A LA CITA
SHOVEL	TO SHOW	TO SHOW OF	SHOWED UP

DUCHA / SHOWER	DAR ALARIDOS / TO SHRIEK	GAMBA / SHRIMP	ENCOGER / TO SHRINK
ARBUSTO / SHRUB	BARAJAR / SHUFFLE	POSTIGOS / SHUTTERS	TÍMIDO / SHY
ENFERMO / SICK	COSTADO, LADO / SIDE	ACERA / SIDEWALK	SUSPIRAR / TO SIGH
CARTEL / SIGN	INDICAR / TO SIGNAL	FIRMA / SIGNATURE	CALLADO / SILENT
SILUETA / SILHOUETTE	SEDA / SILK	GUSANO DE SEDA / SILKWORM	SEDOSO / SILKY

ANTEPECHO	TONTO, NECIO	PLATA	SIMPLE, SENCILLO
SILL	SILLY	SILVER	SIMPLE
CANTAR	SINGULAR	LAVABO	HUNDIRSE
TO SING	SINGULAR	SINK	TO SINK
SORBER	SIRENA	HERMANA	SENTARSE
TO SIP	SIREN	SISTER	TO SIT
SEIS	SEXTO	TALLA	PATINAR
SIX	SIXTH	SIZE	TO SKATE
MONOPATÍN	ESQUELETO	BOCETAR	ESQUÍES
SKATEBOARD	SKELETON	TO SKETCH	SKIS

ESQUIAR	RESBALAR	PIEL	SALTAR A LA COMBA
TO SKI	TO SKID	SKIN	TO SKIP
CAPITÁN DE BARCO	FALDA	CRÁNEO	CIELO
SKIPPER	SKIRT	SKULL	SKY
ALONDRA	RASCACIELOS	PORTAZO	INCLINADO
SKYLARK	SKYSCRAPER	TO SLAM	SLANTED
ABOFETEAR	DAR TAJOS	PIZARRA	TRINEO
TO SLAP	TO SLASH	SLATE	SLED
DORMIR	SACO DE DORMIR	TENER SUEÑO	AGUANIEVE
TO SLEEP	SLEEPING BAG	SLEEPY	SLEET

MANGA	TOBOGÁN	DELGADA, FLACA	VISCOSO
SLEEVE	SLIDE	SLIM	SLIMY
CABESTRILLO	TIRADOR	RESBALAR	ZAPATILLA
SLING	SLINGSHOT	TO SLIP	SLIPPER
RESBALADIZO	MUGRIENTO	LADERA	RANURA
SLIPPERY	SLOB	SLOPE	SLOT
DESGARBADO	PARAR	AGUANIEVE	PEQUEÑO
TO SLOUCH	TO SLOW DOWN	SLUSH	SMALL
LISTO	HACER PEDAZOS	HACER UN BORRON	OLER
SMART	TO SMASH	TO SMEAR	TO SMELL

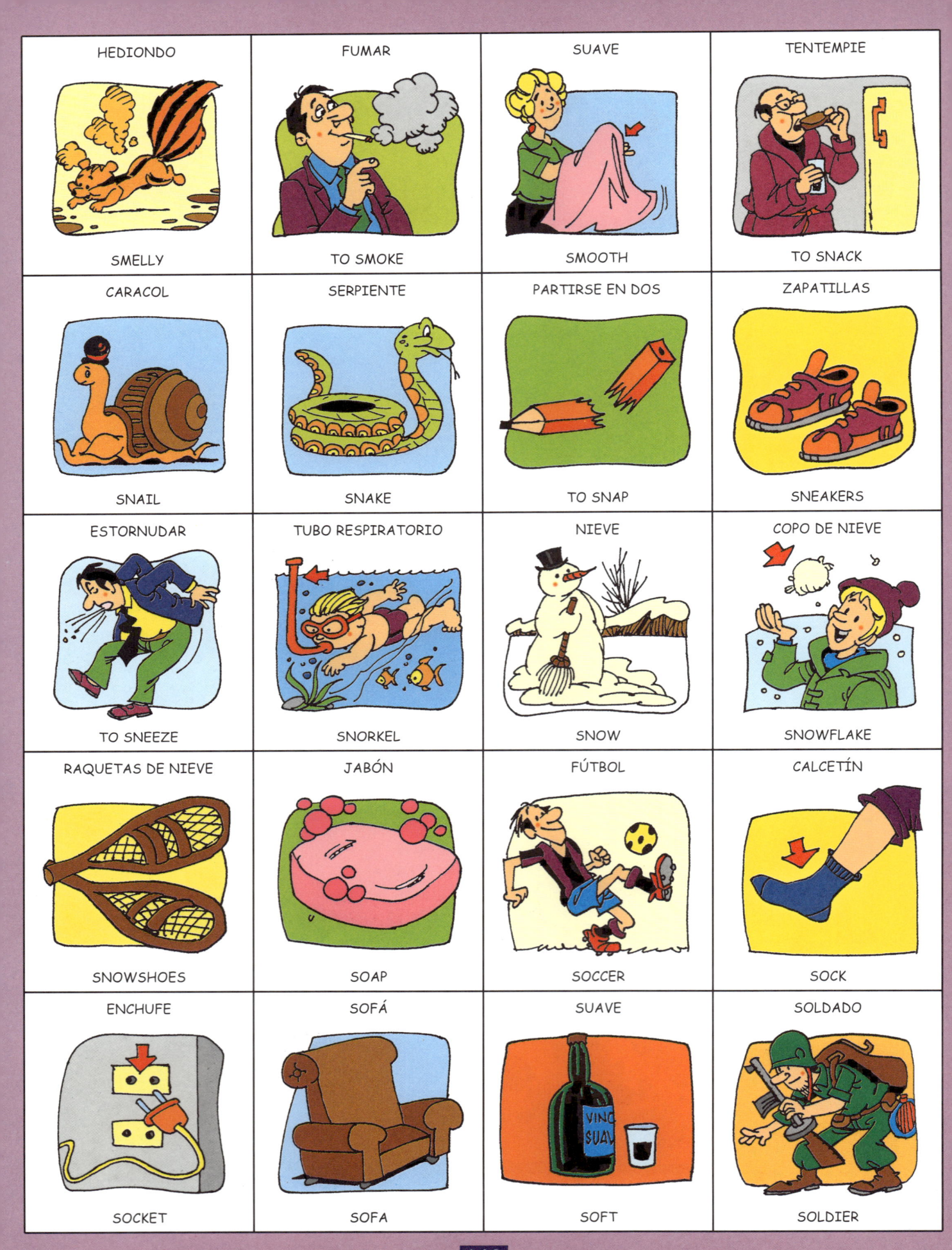

HEDIONDO	FUMAR	SUAVE	TENTEMPIE
SMELLY	TO SMOKE	SMOOTH	TO SNACK
CARACOL	SERPIENTE	PARTIRSE EN DOS	ZAPATILLAS
SNAIL	SNAKE	TO SNAP	SNEAKERS
ESTORNUDAR	TUBO RESPIRATORIO	NIEVE	COPO DE NIEVE
TO SNEEZE	SNORKEL	SNOW	SNOWFLAKE
RAQUETAS DE NIEVE	JABÓN	FÚTBOL	CALCETÍN
SNOWSHOES	SOAP	SOCCER	SOCK
ENCHUFE	SOFÁ	SUAVE	SOLDADO
SOCKET	SOFA	SOFT	SOLDIER

140

LENGUADO / SOLE	RESOLVER / SOLVES	SALTO MORTAL / TO SOMERSAULT	HIJO / SON
CANCIÓN / SONG	PRONTO / SOON	BRUJO / SORCERER	DOLORIDO / SORE
ACEDERA / SORREL	ARREPENTIDO / SORRY	ESCOGER / TO SORT	SOPA / SOUP
ÁCIDO / SOUR	SUR / SOUTH	PUERCA / SOW	SEMBRAR / TO SOW
NAVE ESPACIAL / SPACESHIP	PALA / SPADE	ZURRAR / TO SPANK	REPUESTO / SPARE TYRE

CHISPA	RELUMBRAR	GORRIÓN	HABLAR
SPARK	TO SPARKLE	SPARROW	TO SPEAK
LANZA	ACELERAR	DELETREAR	GASTAR
SPEAR	TO SPEED UP	TO SPELL	TO SPEND
ESFERA	PICANTE	ARAÑA	PUA
SPHERE	SPICY	SPIDER	SPIKE
DERRAMAR	GIRAR	ESPINACA	ESPINA DORSAL
TO SPILL	TO SPIN	SPINACH	SPINE
ESPIRAL	AGUJA	ESCUPIR	SALPICAR
SPIRAL	SPIRE	TO SPIT	TO SPLASH

ASTILLAS	PODRIDO	ESPONJA	BOBINA
SPLINTER	SPOILED	SPONGE	SPOOL
CUCHARRA	MANCHA	PITORRO	TORCER
SPOON	SPOT	SPOUT	TO SPRAIN
ROCIAR	ESPARCIR	MUELLE	PRIMAVERA
TO SPRAY	TO SPREAD	SPRING	SPRING
MANANTIAL	ESPOLVOREAR	CORRER DE PRISA	ABETO
SPRING	TO SPRINKLE	TO SPRINT	SPRUCE
CUADRADO	CALABAZA	CUCLILLAS	ESTRECHAR
SQUARE	SQUASH	TO SQUAT	TO SQUEEZE

CALAMAR	ARDILLA	CHORREAR	ESTABLO
SQUID	SQUIRREL	TO SQUIRT	STABLE
ESCENARIO	MANCHA	LA ESCALERA	ESTACA
STAGE	STAIN	STAIRCASE	STAKE
AÑEJO	TALLO	POTRO	SELLO
STALE	STALK	STALLION	STAMP
ESTAR EN PÍE	ESTRELLA	MIRAR FIJO	ESTORNINO
TO STAND	STAR	TO STARE	STARLING
PONER EN MARCHA	FAMÉLICO	GASOLINERA	ESTACIÓN DE FERROCARRIL
TO START	STARVE	GAS STATION	TRAIN STATION

ESTATUA	QUIETO AHÍ	BISTEC	ROBAR
STATUE	STAY HERE	STEAK	TO STEAL

VAPOR	ACERO	EMPINADO	RES
STEAM	STEEL	STEEP	STEER

CONDUCIR	ESCALÓN	PISÉ un charco	SALIR
TO STEER	STEP	TO STEP IN	STEP OUT

ESTOFADO	TALLO	VARA	PEGAJOSO
STEW	STEW	STICK	STICKY

TIESO	ESCOCER	PICADURA DE ABEJA	APESTAR
STIFF	TO STING	STING	TO STINK

REMOVER	MEDIAS	ATIZAR	ESTÓMAGO
TO STIR	STOCKINGS	TO STOKE	STOMACH
PIEDRA	TABURETTE	AGACHAR	PARADA
STONE	STOOL	TO STOOP	STOP
DETENER	ESCALA TÉCNICA	ALMACÉN	CIGÜEÑA
TO STOP	STOP-OVER	STORE	STORK
TEMPESTAD	CUENTO	COCINA	RECTO
STORM	STORY	STOVE	STRAIGHT
COLAR	ESFORZARSE	RARO	CORREA
TO STRAIN	TO STRAIN	STRANGE	STRAP

TIRANTE	PAJITA	FRESA	ARROYO
STRAP	STRAW	STRAWBERRY	STREAM
BANDERÍN	CALLE	FAROL	ESTIRAR
STREAMER	STREET	STREETLAMP	TO STRETCH
CAMILLA	HUELGA	GOLPEAR	CORDEL
STRETCHER	STRIKE	TO STRIKE	STRING
RAYAS	FUERTE	ESTUDIANTE	ESTUDIAR
STRIPE	STRONG	STUDENT	TO STUDY
ANIMALITO DE JUGUETE	TOCÓN	SUBMARINO	RESTAR
A STUFFED ANIMAL	STUMP	SUBMARINE	TO SUBSTRACT

CHUPAR / TO SUCK	DE REPENTE, lluvia / SUDDENLY	AZÚCAR / SUGAR	TRAJE / SUIT
MALETA / SUITCASE	VERANO / SUMMER	EL SOL / SUN	DOMINGO / SUNDAY
RELOJ DE SOL / SUNDIAL	GIRASOL / SUNFLOWER	SALIDA DEL SOL / SUNRISE	PUESTA DE SOL / SUNSET
SUPERMERCADO / SUPERMARKET	LA CENA / SUPPER	SEGURO / SURE	SUPERFICIE lunar / SURFACE
CIRUJANO / SURGEON	APELLIDO / SURNAME	SORPRESA / SURPRISE	RENDIRSE / TO SURRENDER

148

RODEADO	TIRANTES	TRAGAR	CISNE
SURROUND	SUSPENDERS	TO SWALLOW	SWAN
TROCAR	ENJAMBRE	SUDAR	SUETER
TO SWAP	SWARM	TO SWEAT	SWEATER
BARRER	DULCE	VIRAR BRUSCO	NADAR
TO SWEEP	SWEET	TO SWERVE	TO SWIM
COLUMPIO	COLUMPIARSE	INTERRUPTOR	ENCENDER
SWING	TO SWING	SWITCH	TO SWITCH
ABALANZARSE	LA ESPADA	EL SICOMORO	JARABE
TO SWOOP	SWORD	SYCOMORE	SYRUP

T

MESA	MANTEL	TABLETA
TABLE	TABLECLOTH	TABLET

TACHUELA	ABORDAR PROBLEMAS	RENACUAJO	RABO
TACK	TO TACKLE PROBLEMS	TADPOLE	TAIL

SASTRE	COGER, AGIR	DESMONTAR	LLEVARSE
TAILOR	TO TAKE	TO TAKE APART	TO TAKE AWAY

DEVOLVER	QUITARSE	DESPEGAR	EXTRAER
TO TAKE BACK	TO TAKE OFF	TO TAKE OFF	TO TAKE OUT

PARA LLEVARSE	CHISMES	TALENTO	HABLAR
TAKE OUT	TALE	TALENT	TO TALK

ESPIGADO	PANDERETA	MANSO	BRONCEADO
TALL	TAMBOURINE	TAME	TAN
MANDARINA	ENREDADO	DEPÓSITO, TANQUE	BUQUE, TANQUE
TANGERINE	TANGLED	TANK	TANKER
LLAVE	CINTA	PEGAR CON CINTA ADHESIVA	GRABADORA
TAP	TAPE	TO TAPE	TAPE RECORDER
ALQUITRÁN	dar al BLANCO	ESTRAGÓN	PASTEL
TAR	TARGET	TARRAGON	TART
TAREA	PALADEAR	SABROSO	TAXI
TASK	TO TASTE	TASTY	TAXICAB

TAZA DE TE	ENSEÑAR	PROFESORA	EQUIPO
A CUP OF TEA	TO TEACH	TEACHER	TEAM
TETERA	LÁGRIMAS	RASGAR	ARRANCAR
TEAPOT	TEARS	TO TEAR	TO TEAR OUT
TELEGRAMA	TELEFONEAR	TELÉFONO	TELESCOPIO
TELEGRAM	TO TELEPHONE	TELEPHONE	TELESCOPE
TELEVISIÓN	DECIR	MAL HUMOR	TEMPERATURA
TELEVISION	TO TELL	TEMPER	TEMPERATURE
DIEZ	TENIS	ZAPATILLA DE TENIS	TIENDA
TEN	TENNIS	TENNIS SHOE	TENT

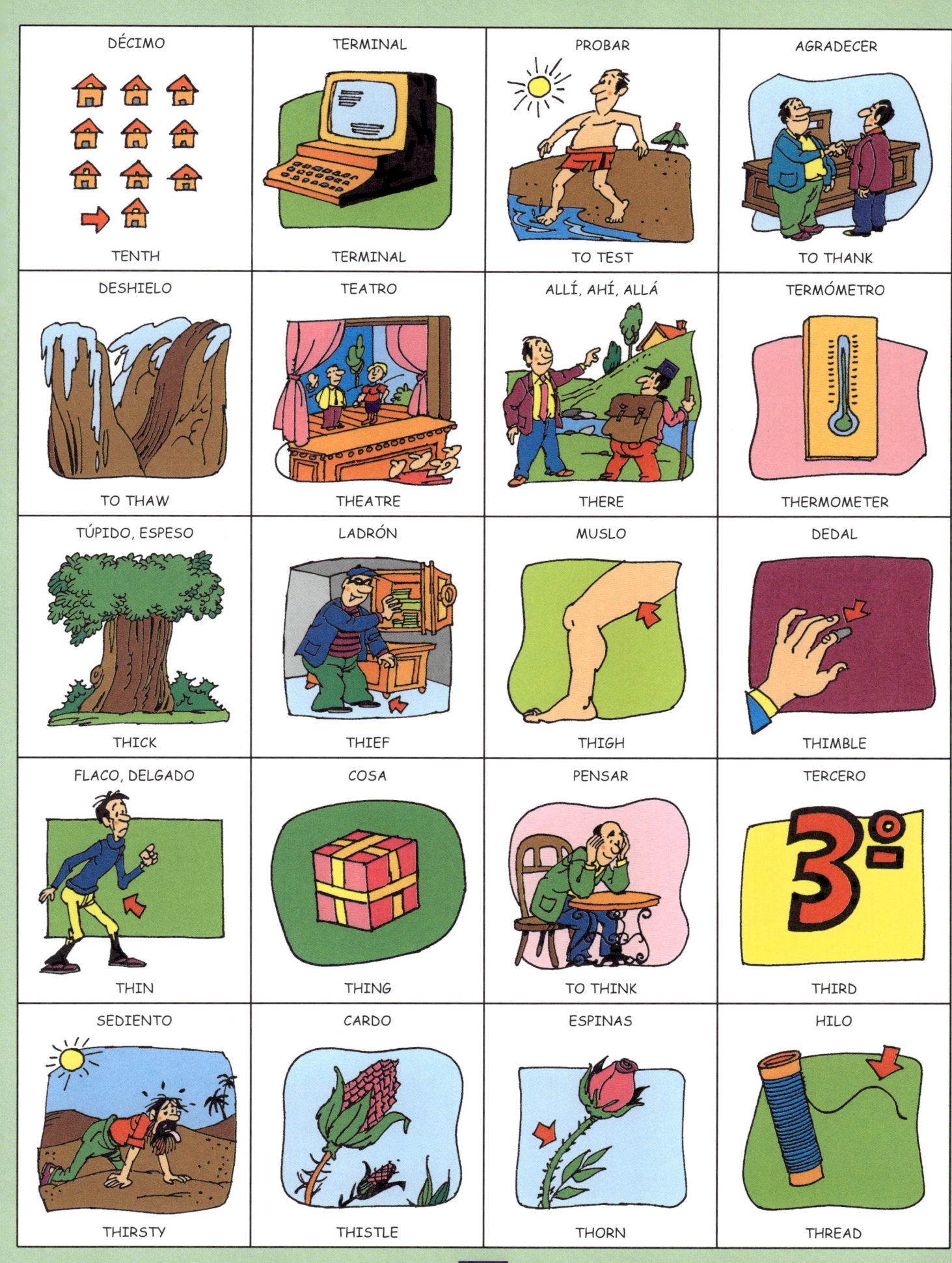

DÉCIMO	TERMINAL	PROBAR	AGRADECER
TENTH	TERMINAL	TO TEST	TO THANK
DESHIELO	TEATRO	ALLÍ, AHÍ, ALLÁ	TERMÓMETRO
TO THAW	THEATRE	THERE	THERMOMETER
TÚPIDO, ESPESO	LADRÓN	MUSLO	DEDAL
THICK	THIEF	THIGH	THIMBLE
FLACO, DELGADO	COSA	PENSAR	TERCERO
THIN	THING	TO THINK	THIRD
SEDIENTO	CARDO	ESPINAS	HILO
THIRSTY	THISTLE	THORN	THREAD

ENHEBRAR	TRES	UMBRAL	GARGANTA
TO THREAD	THREE	THRESHOLD	THROAT
TRONO	LANZAR	VOMITAR	DEDO PULGAR
THRONE	TO THROW	TO THROW UP	THUMB
RAYOS Y TRUENOS	TRONADA	JUEVES	TOMILLO
THUNDER	THUNDERSTORM	THURSDAY	THYME
BILLETE	HACER COSQUILLAS	ASEADO	CORBATA
TICKET	TO TICKLE	TIDY	TIE
ATAR, LIAR	TIGRE	APRETAR	BALDOSAS
TO TIE	TIGER	TO TIGHTEN	TILES

LADEANDO / TO TILT	**¿Qué HORA es?** / what TIME is it?	**DIMINUITO** / TINY	**VOLCARSE** / TO TIP
DAR PROPINA / TO TIP	**CAMINAR DE PUNTILLAS** / TO TIPTOE	**LLANTA** / TIRE	**CANSADO** / TIRED
SAPO / TOAD	**TOSTADAS** / TOAST	**TOSTADORA** / TOASTER	**HOY** / TODAY
DEDOS DEL PIE / TOES	**JUNTOS** / TOGETHER	**EXCUSADO** / TOILET	**TOMATE** / TOMATO
TUMBA / TOMB	**hasta MAÑANA** / TOMORROW	**TONELADA** / TON	**TENAZAS** / TONGS

LENGUA	AMÍGDALAS	HERRAMIENTAS	DIENTE
TONGUE	TONSILS	TOOLS	TOOTH
DOLOR DE MUELAS	CEPILLO DE DIENTES	PASTA DE DIENTES	PARTE SUPERIOR
TOOTHACHE	TOOTHBRUSH	TOOTHPASTE	TOP
TROMPO	ABAJO	ANTORCHA	TORNADO
TOP	TOPPLE	TORCH	TORNADO
TORRENTE	TORTUGA	ARROJAR	TOCAR
TORRENT	TORTOISE	TO TOSS	TO TOUCH
RECIO	REMOLCAR	TOALLA	TORRE
TOUGH	TO TOW	TOWELL	TOWER

PUEBLO / TOWN	JUGUETES / TOYS	CALCAR / TO TRACE	RIEL / TRACK
TRACTOR / TRACTOR	CAMBIAR / TO TRADE	TRÁFICO / TRAFFIC	SEMÁFORO / TRAFFIC LIGHT
RASTRO / TRAIL	REMOLQUE / TRAILER	TREN / TRAIN	AMAESTRAR / TO TRAIN
VAGABUNDO / TRAMP	PISOTEAR / TO TRAMPLE	TRAMPOLÍN / TRAMPOLINE	TRANSPARENTE / TRANSPARENT
TRANSPORTAR / TO TRANSPORT	TRANSPLANTE / TRANSPLANT	TRAMPA / TRAP	TRAPECIO / TRAPEZE

VIAJAR	BANDEJA	ESTRIAS	TESORO
TO TRAVEL	TRAY	TREAD	TREASURE
ÁRBOL	TEMBLAR	ZANJA	JUICIO
TREE	TO TREMBLE	TRENCH	TRIAL
TRIÁNGULO	TRUCO	CHORREAR	TRICICLO
TRIANGLE	TRICK	TO TRICKLE	TRICYCLE
GATILLO	RECORTAR	VIAJE	TROPEZAR
TRIGGER	TO TRIM	TRIP	TO TRIP
TROLEBÚS	TROTAR	COMEDERO	PANTALONES
TROLLEYBUS	TO TROT	TROUGH	TROUSERS

TRUCHA	PALETA	CAMIÓN	VERDADERO, CIERTO
TROUT	TROWEL	TRUCK	TRUE
TROMPETA	BAÚL	TRONCO	TROMPA
TROMPET	TRUNK	TRUNK	TRUNK
CONFIAR	DECIR LA VERDAD	TRATAR	BAÑERA
TO TRUST	TRUTH	TO TRY	TUB
TUBO	MARTES	TIRAR	TULIPANES
TUBE	TUESDAY	TO TUG	TULIP
DAR VOLTERETAS	TÚNEL	PAVO	GIRAR
TO TUMBLE	TUNNEL	TURKEY	TO TURN

APAGAR	ENCENDER	RESULTAR	DAR VUELTAS
TO TURN OFF	TO TURN ON	TO TURN OUT	TO TURN OVER
NABO	PLATO GIRATORIO	color TURQUESA	TORRECILLAS
TURNIP	TURNTABLE	TURQUOISE	TURRET
TORTUGA	COLMILLOS	PINZAS	DOS VECES
TURTLE	TUSK	TWEEZERS	TWICE
RAMITA	CREPÚSCULO	CENTELLAR	PARPADEO
TWIG	TWILIGHT	TWINKLE	TWINKLE
GEMELOS	DAR VUELTAS	GIRO RÁPIDO	TORCER
TWINS	TO TWIRL	TWIRL	TO TWIST

TORSIÓN	TONTO	TIRÓN	GORJEO
TWIST	TWIT	TWITCH	TWITTER
DOS	HIPÓCRITA	DOS PIEZAS	MAGNATE
TWO	TWO FACES	TWO PIECES	TYCOON
ESCRIBIR A MÁQUINA	MÁQUINA DE ESCRIBIR	MECANOGRAFÍA	MECANÓGRAFA
TO TYPE	TYPEWRITER	TYPING	TYPIST
FIEBRE (TIFOIDEA)	TIFÓN	TÍPICO	TIPIFICAR
TYPHOID	TYPHOON	TYPICAL	TYPIFY
TIRÁNICO	TIRANIZAR	TIRANO	NEUMÁTICO
TYRANNICAL	TYRANNIZE	TYRANT	TYRE

U

FEO	LLAGA	OCULTO
UGLY	ULCER	ULTERIOR

PARAGUAS	ÁRBITRO	INACEPTABLE	DESARMADO
UMBRELLA	UMPIRE	UNACCEPTABLE	UNARMED

DESATENDIDO	ENTERO	DESCORTÉS	TIG
UNATTENDED	UNBROKEN	UNCIVIL	UNCLE

POCO CLARO	DESCORCHAR	DESTAPAR	IMPÁVIDO
UNCLEAR	UNCORK	UNCOVER	UNDAUNTED

SIN CORTAR	INVICTO	DEBAJO	DEBAJO DEL HOMBRO
UNCUT	UNDEFEATED	UNDER	UNDERARM

ENTENDER	ROPA INTERIOR	DESNUDARSE	TRISTE
TO UNDERSTAND	UNDERWEAR	TO UNDRESS	UNHAPPY
UNICORNIO	UNIFORME	UNIVERSIDAD	DESCARGAR
UNICORN	UNIFORM	UNIVERSITY	TO UNLOAD
ABRIR LA CERRADURA	DESTORNILLAR	DESENVOLVER	VERTICAL
TO UNLOCK	UNSCREW	TO UNWRAP	UPRIGHT
AL REVÉS	USAR JABÓN	GASTAR	ÚTIL
UPSIDE DOWN	TO USE SOAP	TO USE UP	USEFUL
FEO	ASCEDENTE	URGENCIA	CAMBIO DE SENTIDO
UGLY	UPWARD	URGENCY	U-TURN

V

VACACIONES	VAPOR	BARNIZAR
VACATION	VAPOR / VAPOUR	TO VARNISH

JARRÓN	TERNERA	VERDURAS	VEHÍCULO
VASE	VEAL	VEGETABLE	VEHICLE

VELO	VENAS	VENENO	VERTICAL
VEIL	VEIN	VENOM	VERTICAL

MUY TÍPICO	CHALECO	VETERINARIO	VÍCTIMA
VERY TIPYCAL	VEST	VETERINARIAN	VICTIM

APARATO DE VÍDEO	CINTAS DE VIDEO	VISTA	PUEBLO
VIDEO RECORDER	VIDEO TAPE	VIEW	VILLAGE

164

VILLANO	LA VID	VINAGRE	VIOLETA
VILLAIN	VINE	VINEGAR	VIOLET
VIOLÍN	VISADO	VISIBLE	VISITAR
VIOLIN	VISA	VISIBLE	TO VISIT
VISERA	VOCABULARIO	VOCAL	VOZ
VISOR	VOCABULARY	VOCAL	VOICE
VOLCÁN	VOLEIBOL	VOLUNTARIO	VOMITAR
VOLCANO	VOLLEY-BALL	VOLUNTEER	TO VOMIT
VOTAR	VOTANTE	TRAVESÍA	BUITRE
TO VOTE	VOTER	VOYAGE	VULTURE

W

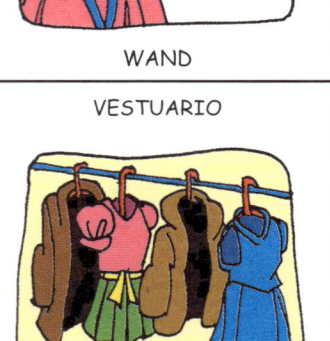

CHAPOTEAR	BARQUILLO	CARRO
TO WADE	WAFFLE	WAGON

LLORAR, LAMENTARSE	CINTURA	ESPERAR	DESPERTAR
TO WAIL	WAIST	TO WAIT	TO WAKE

CAMINAR	MURO	BILLETERO	NUECES
TO WALK	WALL	WALLET	WALNUT

MORSA	VARITA	VAGAR	QUERER
WALRUS	WAND	TO WANDER	TO WANT

GUERRA	VESTUARIO	ALMACÉN	ABRIGADO
WAR	WARDROBE	WAREHOUSE	WARM

CALENTARSE	AVISAR	MADRIGUERA	QUERRERO
TO WARM UP	TO WARN	WARREN	WARRIOR
VERRUGA	LAVAR	LAVADORA	LAVABO
WART	TO WASH	WASHING MACHINE	WASH ROOM
AVISPA	DESPERDICIAR	RELOJ	MIRAR
WASP	TO WASTE	WATCH	TO WATCH
AGUA	REGADERA	BERROS	CATARATA
WATER	WATERING CAN	WATERCRESS	WATERFALL
SANDÍA	IMPERMEABLE	ESQUÍ ACUÁTICO	LA OLA
WATERMELON	WATERPROOF	WATERSKIING	WAVE

HACER SEÑAS	ONDULADO	CERA	DÉBIL, ENCLENQUE
TO WAVE	WAVY	WAX	WEAK
ARMAS	LLEVAR PUESTO	COMADREJA	TIEMPO
WEAPON	TO WEAR	WEASEL	WEATHER
ENTRELAZAR	PATAS PALMEADAS	BODA	CUÑA
TO WEAVE	WEB FOOT	WEDDING	WEDGE
MIÉRCOLES	MALEZA	SEMANA	FIN DE SEMANA
WEDNESDAY	WEED	WEEK	WEEKEND
LLORAR	PESAR	EXTRAÑO	POZO
TO WEEP	TO WEIGH	WEIRD	WELL

me siento BIEN	BIENVENIDA	OESTE	MOJADO
I feel WELL	TO WELCOME	WEST	WET
MOJAR	BALLENA	MUELLE	QUÉ
TO WET	WHALE	WHARF	WHAT
TRIGO	RUEDA	CARRETILLA	SILLA DE RUEDAS
WHEAT	WHEEL	WHEELBARROW	WHEELCHAIR
CUÁNDO	DÓNDE	CUÁL	GIMOTEAR
WHEN	WHERE	WHICH	TO WHINE
LÁTIGO	CHOTACABRAS	BATIDOR	BIGOTE
WHIP	WHIPPOORWIL	WHISK	WHISKER

SUSURRAR	PITO	SILBAR	BLANCO
TO WHISPER	WHISTLE	TO WHISTLE	WHITE
¿ QUIÉN ES ?	¿ POR QUÉ ?	MECHA	MALVADO
WHO IS ?	WHY ?	WICK	WICKED
ANCHO	ESPOSA	SALVAJE	SAUCE
WIDE	WIFE	WILD	WILLOW
MARCHITAR	ASTUTO	GANAR	ENCOGERSE
TO WILT	WILY	TO WIN	TO WINCE
VIENTO	DAR CUERDA	CAZADORA	MOLINO
WIND	TO WIND	WIND BREAKER	WINDMILL

VENTANA	PARABRISAS	VINO	ALA
WINDOW	WINDSHIELD	WINE	WING
GUIÑAR	INVIERNO	LIMPIAR	ALAMBRE
TO WINK	WINTER	TO WIPE	WIRE
SABIO, PRUDENTE	DESEO	BRUJA	MAGO
WISE	WISH	WITCH	WIZARD
LOBO	MUJER	PREGUNTARSE	MARAVILLOSO
WOLF	WOMAN	TO WONDER	WONDERFUL
LEÑA	PÁJARO CARPINTERO	BOSQUE	CARPINTERÍA
WOOD	WOOD PECKER	WOODS	WOODWORK

LANA / WOOL	PALABRA / WORD	TRABAJO / WORK	TRABAJAR / TO WORK
TALLER / WORKSHOP	MUNDO / WORLD	GUSANO / WORM	HACER EJERCICIO / TO WORK OUT
PREOCUPAR / TO WORRY	HERIDA / WOUND	ENVOLVER / TO WRAP	CORONA / WREATH
NAUFRAGIO / WRECK	REYEZUELO / WREN	LUCHAR / TO WRESTLE	ESTRUJAR / TO WRING
MUÑECA / WRIST	RELOJ DE PULSERA / WRISTWATCH	ESCRIBIR / TO WRITE	EQUIVOCADO / WRONG

XYZ	RADIOGRAFÍA / X-RAY	XILÓFONO / XYLOPHONE	YATE / YACHT
PATIO / YARD	BOSTEZAR / TO YAWN	AÑO / YEAR	GRITAR / TO YELL
COLOR AMARILLO / YELLOW	SÍ / YES	AYER / YESTERDAY	CEDER EL PASO / TO YIELD
YEMA / YOLK	JOVEN / YOUNG	CEBRA / ZEBRA	CERO / ZERO
CREMALLERA / ZIPPER	ZOOLÓGICO / ZOO	VOLAR ZUMBANDO / TO ZOOM	PEPINO / ZUCCHINI

ÍNDICE

Español	Inglés	Pronunciación	Pág.
A ESCALA	MODEL	módel	91
A LA PATA COJA	HOPSCOTCH	jópscoch	70
A MÍ MISMO	MYSELF	maisélf	94
ABADEJO	HADDOCK	jádek	64
ABAJO	TOPPLE	tópel	156
ABALANZARSE	TO POUNCE	tu páuns	112
ABALANZARSE	TO SWOOP	tu súup	149
ABANDONAR	TO DROP OUT	tu drópaut	43
ABEJA	BEE	bíi	14
ABETO	FIR	fée	51
ABETO	SPRUCE	sprúus	143
ABIERTO	OPEN	óupen	99
ABOFETEAR	TO SLAP	tu sláp	138
ABORDAR PROBLEMAS	TO TACKLE PROBLEMS	tu táquel próblems	150
ABRAZARSE	TO EMBRACE	tu embréis	45
ABRELATAS	CAN OPENER	can óupne	26
ABRIDOR DE BOTELLAS	BOTTLE OPENER	bótel óupne	20
ABRIGADO	WARM	uóom	166
ABRIGO	COAT	cóut	31
ABRIGO	OVERCOAT	óuvecout	100
ABRIGO DE PIELES	FUR COAT	fécout	55
ABRIL	APRIL	éipril	10
ABRIR	TO OPEN	tu óupen	99
ABRIR LA CERRADURA	TO UNLOCK	tu anlók	163
ABUCHEO	JEER	yíe	74
ABUELA	GRANDMOTHER	gránmáde	60
ABUELO	GRANDFATHER	gránfáde	60
ABUNDANTE	ABUNDANT	ebándent	7
ABURRIDO	BORING	bóorin	20
ACAMPAR	TO CAMP	tu camp	25
ACANTILADO	CLIFF	clif	30
ACAPARAR	TO HOARD	tu jóod	69
ACARICIAR ANIMALES	TO PET	tu pet	107
ACARREAR	TO HAUL	tu jóol	66
ACCIDENTE	ACCIDENT	áxident	7
ACCIÓN	ACTION	ákchen	7
ACEBO	HOLLY	jóli	70
ACEDERA	SORREL	sóorel	141
ACEITE	OIL	óil	98
ACEITUNA	OLIVE	óliv	98
ACELERADOR	GAS PEDAL	gás pédel	56
ACELERAR	TO SPEED UP	tu spíidap	142
ACELGA	CHARD	cháad	29
ACEPTAR	TO ACCEPT	tu axépt	7
ACERA	CURB	querb	38
ACERA	SIDEWALK	sáiduok	136
ACERO	STEEL	stíil	145
ACICALARSE	TO GROOM	tu grúum	62
ÁCIDO	SOUR	sáue	141
ACORDARSE	RECALL	ricóol	122
ACORDARSE	REMEMBER	rimémbe	123
ACTO, HECHO	ACT	act	7
ACTUACIÓN	PERFORMANCE	pefóomens	106
ADELANTAR	TO CUT IN	tu cátin	38
ADELANTAR	TO PASS	tu páas	103
ADEMÁS	BESIDES	bisáids	15
ADIÓS	GOODBYE	gúdbai	59
ADIVINAR	TO GUESS	tu gues	62
ADULTO	ADULT	ádolt	7
ADULTO	GROWN-UP	gróunap	62
AFEITARSE	TO SHAVE	tu shéif	134
AFERRARSE	TO HANG ON	tu jánon	65
AFILADO	SHARP	sháap	134
AFILADOR	SHARPENER	sháapne	134
AFORTUNADO	LUCKY	láki	85
ÁFRICA	AFRICA	éfrique	7
AGACHARSE	TO STOOP	tu stúup	146
AGALLAS	GILLS	guils	58
AGARRA	GET	guet	57
AGARRAR	TO SEIZE	tu síis	132
AGARRAR, ATRAPAR	TO CATCH	tu cách	28
AGARRARSE	TO CLUTCH	tu clách	31
AGARRARSE	TO GRIP	tu grip	61
AGENCIA	AGENCY	éiyensi	8
AGOSTO	AUGUST	ógost	11
AGOTARSE	TO RUN OUT OF ENERGY	tu ránautof éneryi	127
AGRADECER	TO THANK	tu zank	153
AGRICULTURA	AGRICULTURE	egricálche	8
AGUA	WATER	uóte	167
AGUA PARA FREGAR	DISHWATER	dishuóte	40
AGUA PURA	PURE WATER	piue uóte	117
AGUANIEVE	SLEET	slíit	138
AGUANIEVE	SLUSH	slásh	139
ÁGUILA	EAGLE	íguel	44
AGUJA	NEEDLE	níidel	96
AGUJA	SPIRE	spáie	142
AGUJERO	HOLE	jóul	69
AHORRAR	TO SAVE	tu séiv	129
AIRE	AIR	éa	8
AIRE LIBRE	OUTDOORS	áutdoos	100
AJO	GARLIC	gáalik	56
AL AGUA	OVERBOARD	óuvebood	100
AL LADO	BESIDE	bisáid	15
AL REVÉS	UPSIDE-DOWN	ápsaid dáun	163
ALA	WING	úin	171
ALACENA	CUPBOARD	cábed	37
ALAMBRE	WIRE	uáie	171
ÁLAMO	POPLAR	póple	112
ALARMA	ALARM	elám	8

ESPAÑOL	INGLÉS	PRONUNCIACIÓN	PÁG.
ALBAÑIL	BRICKLAYER	bríklaie	21
ALBARICOQUE	APRICOT	éipricot	9
ALBERGUE	LODGE	loch	84
ALBOROTO	RACKET	ráquet	120
ALCALDE	MAYOR	mea	88
ALCANZAR	TO CATCH UP	tu cáchap	28
ALCANZAR	TO REACH	tu ríich	121
ALCE	ELK	elk	45
ALCE	MOOSE	múus	92
ALEGRARSE	TO GLAD	tu glad	58
ALEGRE, FELIZ	MERRY, HAPPY	jápi	89
ALETA	FIN	fin	50
ALETEAR	TO FLAP	tu flap	51
ALFARERÍA	POTTERY	póteri	112
ALFÉIZAR	LEDGE	lech	80
ALFOMBRA	CARPET	cápet	27
ALGAS	SEAWEED	síiuid	132
ALGODÓN	COTTON	cóton	34
ALICATES	PLIERS	pláies	110
ALIENTO	BREATH	brez	21
ALIGERAR	LIGHTEN	láiten	82
ALIMENTA	TO FEED	tu fíid	49
ALLÍ, AHÍ, ALLÁ	THERE	déa	153
ALMACÉN	STORE	stóo	146
ALMACÉN	WAREHOUSE	uéajaus	166
ALMENDRA	ALMOND	áamend	8
ALMOHADA	PILOW	pílou	108
ALMORZAR	TO EAT LUNCH	tu íit lanch	44
ALMUERZO	LUNCH	lanch	85
ALONDRA	LARK	láak	79
ALONDRA	SKYLARK	scáilaak	138
ALQUILAR	TO RENT	tu rent	123
ALQUITRÁN	PITCH TAR	píchtaa	108
ALQUITRÁN	TAR	táa	151
ALREDEDOR	AROUND	eráund	10
ALTAVOZ	LOUDSPEAKER	láudspiique	85
ALTIVO	SELF-RIGHTEOUS	selfráiches	132
ALTO	HIGH	jái	68
ALUMBRAR	TO ILLUMINATE	tu ilúmineit	71
ALUMNO	SCHOOLCHILD	scúulchaild	130
AMAESTRAR	TO TRAIN	tu tréin	157
AMAPOLA	POPPY	pópi	112
AMARGA	BITTER	bíte	17
AMARRADERO	BERTH	béez	15
AMBICIOSO	AMBITIOUS	embíches	9
AMBOS	BOTH	bouz	20
AMBULANCIA	AMBULANCE	émbiulens	9
AMÉRICA	AMERICA	emérica	9
AMÍGDALAS	TONSILS	tónsils	156

ESPAÑOL	INGLÉS	PRONUNCIACIÓN	PÁG.
AMIGO POR CARTA	PENFRIEND	pénfrend	106
AMIGOS	FRIENDS	frends	54
AMODORRADO	DROWSY	dráusi	43
AMOR	LOVE	lof	85
AMOTINADO	MUTINEER	miutenée	94
AMPOLLA	BLISTER	blíste	18
ANALGÉSICO	MEDICINE	médisin	88
ANCHO	WIDE	uáid	170
ANDAMIO	SCAFFOLDING	scáfeldin	129
ANDÉN	PLATFORM	plétform	110
ANGELOTE	MONKFISH	mónkfish	91
ANGUILA	EEL	íil	44
ANILLO	RING	ring	125
ANIMALES	ANIMALS	énimels	9
ANIMALITO DE JUGUETE	A STUFFED ANIMAL	e staft énimel	147
ANIVERSARIO	ANIVERSARY	enivéeseri	9
ANTEOJOS	GLASSES	glásis	58
ANTEPECHO, ALFÉIZAR	SILL	sil	137
ANTES	BEFORE	bifór	14
ANTIGUO	ANTIQUE	éntic	9
ANTORCHA	TORCH	tóoch	156
ANULAR	QUASH	cuósh	119
ANZUELO	FISHHOOK	fiscjuk	51
ANZUELO	HOOK	juk	70
AÑEJO	STALE	stéil	144
AÑIL	INDIGO	índigou	72
AÑO	YEAR	yía	173
AÑORAR	TO MISS	tu mis	90
APAGAR	TO TURN OFF	tu téern of	160
APARATO DE VÍDEO	VIDEO RECORDER	vídiu ricóode	164
APARCAR	TO PARK	tu páak	103
APARECER	TO APPEAR	to epíe	9
APARECER	TO RISE	tu ráis	125
APELLIDO	SURNAME	séeneim	148
APESTAR	TO REEK	tu ríik	122
APESTAR	TO STINK	tu stínk	145
APETITO	APPETITE	ápitait	9
APIO	CELERY	séleri	28
APLANAR	TO FLATTEN	tu fláten	52
APLICACIÓN	APPLICATION	epliquéichen	9
APOSTAR	TO BET	tu bet	16
APRENDER	TO LEARN	tu léen	80
APRETAR	TO TIGHTEN	tu táiten	154
APROPIADO	LIKELY	láikli	82
APUESTO	HANDSOME	jéndsem	65
APUNTALAR	TO PROP	tu prop	115
APUNTAR	TO POINT	tu póint	111
APURO	NEED	níid	96

ESPAÑOL	INGLÉS	PRONUNCIACIÓN	PÁG.
AQUÍ	HERE	jíar	68
ARAÑA	SPIDER	spáider	142
ÁRBITRO	REFEREE	referíi	122
ÁRBITRO	UMPIRE	ámpaie	162
ÁRBOL	TREE	tríi	158
ARBUSTO	BUSH	bash	24
ARBUSTO	SHRUB	shrab	136
ARCILLA	CLAY	clei	30
ARCO	BOW	bou	20
ARCO (PORTERÍA)	GOAL	goul	59
ARCO IRIS	RAINBOW	réinbou	120
ARDER	TO BURN	tu béen	24
ARDILLA	SQUIRREL	scuírel	144
ARENA	SAND	sánd	128
ARENAS MOVEDIZAS	QUICKSAND	cuíksand	119
ARENQUE	HERRING	jéring	68
ARMA	WEAPON	uípon	168
ARMARIO	CABINET	québinet	25
ARMARIO ROPERO	CLOSET	clóset	30
ARNÉS	HARNESS	jáanis	65
ARO	HOOP	júup	70
ARRANCAR	TO TEA OUT	tu tíi aut	152
ARRASTRAR	TO DRAG	tu drag	41
ARREBATAR	TO GRAB	tu grab	60
ARRECIFE	REEF	ríif	122
ARREGLAR	TO FIX	tu fix	51
ARREGLAR	TO REPAIR	tu ripéa	123
ARRENDADOR	LANDLORD	lándlood	79
ARREPENTIDO	SORRY	sóri	141
ARRODILLARSE	TO KNEEL	tu níil	77
ARROJAR	TO TOSS	tu tos	156
ARROYO	BROOK	bruk	22
ARROYO	STREAM	stríim	147
ARROZ	RICE	ráis	124
ARTE	ART	áat	10
ARTICULACIÓN DEL CODO	JOINT	yoint	75
ASADO	ROAST	róust	125
ASAR A LA PARRILLA	TO GRILL	tu gril	61
ASCENDENTE	UPWARD	ápuod	163
ASCENSOR	ELEVATOR	elevéite	45
ASEADO	NEAT	níit	95
ASEADO	TIDY	táidi	154
ASEGURAR	INSURE	insiúe	73
ASESINAR	TO MURDER	tu méede	93
ASIENTO	SEAT	síit	132
ASOMBRARSE	ASTONISH	estónisch	10
ÁSPERO	ROUGH	raf	126
ASTILLAS	SPLINTER	splínte	143

ESPAÑOL	INGLÉS	PRONUNCIACIÓN	PÁG.
ASTUTO	WILY	uáili	170
ASUNTO	AFFAIR	eféa	7
ASUSTAR	FRIGHTEN	fraiten	54
ASUSTAR	TO SCARE	tu squéa	129
ATADO	BUNDLE	bándel	24
ATAR	BIND	báind	17
ATAR	TO LACE	tu léis	78
ATAR	TO TIE	tu tái	154
ATASCAR	TO JAM	tu yam	74
ATAÚD	COFFIN	cófin	31
ATENCIÓN	ATTENTION	eténchen	10
ATENTO, EDUCADO	POLITE	poláit	111
ATERRIZAR	TO LAND	tu land	78
ATIZAR	TO STOKE	tu stóuk	146
ATLETISMO	ATHLETICS	ezlétics	10
ATRACTIVA	ATTRACTIVE	etráctif	10
ATROPELLAR	TO RUN OVER	tu ran óuve	127
AULA	CLASSROOM	clásrum	30
AUSENTE	ABSENT	ábsent	7
AUSTRALIA	AUSTRALIA	ostréilia	11
AUTOBÚS	BUS	bas	24
AUTOBÚS DE CARRETERA	COACH	couch	31
AUTOMÁTICO	AUTOMATIC	otemátic	11
AUTOMÓVIL	AUTOMOBILE	ótemebil	11
AUTOPISTA	HIGHWAY	jái uei	68
AUTORIDAD	AUTHORITY	ozóriti	11
AUTOSERVICIO	SELF-SERVICE	selfsérvis	132
AVARICIOSO	GREEDY	gríidi	61
AVARO	MISER	máise	90
AVELLANA	HAZELNUT	jéiselnat	66
AVELLANO	HAZEL	jéisel	66
AVENIDA	AVENUE	áveniu	11
AVENTURA	ADVENTURE	edvénchure	7
AVERGONZADO	ASHAMED	eshéimd	10
AVERGONZAR	TO EMBARRAS	tu embáras	45
AVERIARSE	TO FAIL	tu féil	48
AVESTRUZ	OSTRICH	óstrich	100
AVIÓN	AIRPLANE	éapléin	8
AVISAR	TO WARN	tu uón	167
AVISPA	WASP	uósp	167
AYER	YESTERDAY	iéstedei	173
AYUDA	ASSISTANCE	esístens	10
AYUDAR	TO AID	tu éid	8
AYUDAR	TO HELP	tu jelp	67
AZADA	HOE	jóu	69
AZAFRANES	CROCUS	cróuques	36
AZÚCAR	SUGAR	shúgue	148
AZUCENA	LILY	líli	82
AZUL	AZURE	ásiue	11
AZUL	BLUE	blu	19

BABEAR	TO DRIBBLE	tu dríbel	42
BABEAR	TO DROOL	tu drúul	42
BABERO	BIB	bib	16
BACALAO	COD	cod	31
BACHE	RUT	rat	127

Español	Inglés	Pronunciación	Pág.
BAHÍA	BAY	bei	13
BAILAR	TO DANCE	tu dáans	39
BAILARINA	BALLERINA	balerína	12
BAILARINA	DANCER	dánse	39
BAJA	LOW	lou	85
BAJAR	TO GO DOWN	tu góu dáun	59
BAJAR	TO LOWER	tu lóue	85
BAJARSE	TO GET OFF	tu guétof	57
BAJO	SHORT	shóot	135
BALA	BULLET	bálit	23
BALANCEARSE	TO ROCK	tu rok	126
BALANCÍN	SEE-SAW	síisoo	132
BALANZA	SCALE	squéil	129
BALDE	PAIL	peil	101
BALDOSAS	TILES	táils	154
BALLENA	WHALE	uéil	169
BALOMPIÉ	FOOTBALL	futból	53
BALSA	RAFT	ráaft	120
BANDADA	FLOCK	flok	52
BANDERA	FLAG	flag	51
BANDERA	TRAY	tréi	158
BANDERÍN	STREAMER	stríime	147
BANDIDO	BANDIT	bándit	13
BAÑERA	BATHTUB	báaztab	13
BAÑERA	TUB	tab	159
BAÑO	BATH	báaz	13
BARAJAR	SHUFFLE	sháfel	136
BARANDA	HANDRAIL	jéndreil	65
BARANDILLA	RAIL	reil	120
BARATO	CHEAP	chíip	29
BARBA	BEARD	bíed	14
BARBERO	BARBER	báabe	13
BARNIZAR	TO VARNISH	tu váanish	164
BARQUILLO	WAFFLE	uófel	166
BARQUILLO DE HELADO	CREAM CONE	críimcoun	33
BARRANCO	RAVINE	revíin	121
BARRER	TO SWEEP	tu suíip	149
BARRIL	BARREL	báarel	13
BARRO	MUD	mad	93
BASTA	ENOUGH	ináf	46
BASTÓN	CANE	quein	26
BASTÓN DE HOCKEY	HOCKEY STICK	jóqui stik	69
BASURA	GARBAGE	gáabich	56
BASURA	HEAP	jíip	66
BASURA	RUBBISH	rábish	127
BATIDOR	WHISK	uísk	169
BATIDORA	MIXER	míxe	91
BAÚL	TRUNK	trank	159
BEBE	BABY	beibi	12

Español	Inglés	Pronunciación	Pág.
BEBER	TO DRINK	tu drink	42
BEBIDA	BEVERAGE	béverich	16
BEIGE	BEIGE	beich	15
BENIGNO	BENIGN	bináin	15
BERENJENA	EGGPLANT	égplant	45
BERROS	WATERCRESS	uótecres	167
BESAR	TO KISS	tu quis	77
BESO	KISS	quis	77
BESTIA	BEAST	bíist	14
BIBLIA	BIBLE	baibel	16
BIBLIOTECA	LIBRARY	láibreri	81
BICHO	BUG	bag	23
BICHO	CREATURE	críche	36
BICICLETA	BICYCLE	báisikel	16
BICICLETA	CYCLE	sáiquel	38
BIEN VESTIDO	PROPERLY DRESSED	própeli drest	115
BIENVENIDA	TO WELCOME	tu uélcam	169
BIGOTE	MOUSTACHE	mestách	92
BIGOTE	WHISKER	uísque	169
BILLAR	BILLIARDS	bílieds	16
BILLETE	BILL	bil	16
BILLETE	TICKET	tíquet	154
BILLETERO	WALLET	uólit	166
BISAGRA	HINGE	jinch	69
BISTEC	STEAK	stéik	145
BLANCO	BLANK	blank	18
BLANCO	WHITE	uáit	170
BLOC	PAD	pad	101
BLUSA	BLOUSE	bláus	19
BOBINA	SPOOL	spúul	143
BOCA	MOUTH	máuz	93
BOCADILLO	SANDWICH	sánduich	128
BOCADO	MOUTHFUL	máuzful	93
BOCANADAS	TO PUFF	tu paf	116
BOCEAR	TO SKETCH	tu squéch	137
BODA	WEDDING	uédin	168
BODEGA	CELLAR	séle	28
BOINA	BERET	bérei	15
BOLÍGRAFO	BALLPOINT	bóol point	12
BOLSA	POUCH	pauch	112
BOLSILLO	POCKET	pókit	111
BOLSO	PURSE	pées	117
BOMBA	PUMP	pamp	116
BOMBEAR	TO PUMP	tu pamp	116
BOMBERO	FIREMAN	fáiermaan	51
BOMBILLA	LIGHTBULB	láitbálb	82
BONDADOSO	GENTLE	yéntel	57
BONITA	PRETTY	príti	113
BOQUILLA	MOUTHPIECE	máuzpiis	93

ESPAÑOL	INGLÉS	PRONUNCIACIÓN	PÁG.
BORDADO	EMBROIDERY	imbróidri	45
BORDE	EDGE	ech	44
BORREGO	LAMB	lem	78
BOSQUE	FOREST	fórest	53
BOSQUE	WOODS	úuds	171
BOSTEZAR	TO YAWN	tu ióon	173
BOTA	BOOT	búut	20
BOTE	BOAT	bout	19
BOTE SALVAVIDAS	LIFEBOAT	láifbout	82
BOTELLA	BOTTLE	bótel	20
BOTONES	BELLBOY	belboi	15
BOTONES	BUTTONS	bátens	24
BOXEADOR	BOXER	bóxe	21
BOYA	BUOY	boi	24
BOZAL	MUZZLE	másel	94
BRAMAR	BELLOW	béleu	15
BRAZO	ARM	arm	10
BRIBONA	CROOK	cruk	36
BRIDA	BRIDLE	bridel	22
BRILLANTE	BRIGHT	bráit	22
BRILLANTE	SHINY	sháini	134
BRILLAR	TO SHINE	tu sháin	134
BRINCAR	TO HOP	tu jop	70
BROCHA	PAINTBRUSH	péintbrach	101
BROCHE	BROOCH	brúuch	22
BROMA	JOKE	yióuk	75
BROMEAR	JEST	yest	74
BRUJA	BITCH	bich	17
BRONCEADO	TAN	tan	151
BRUJA	WITCH	uích	171
BRUJO	SORCERER	sóosere	141
BRÚJULA	COMPASS	cámpes	32
BRUMA	HAZE	jeis	66
BRUSCO	BLUNT	blant	19
BRUSCO	BRUSQUE	brúusk	23
BUEN	NICE	nais	97
BUENA	GOOD	gud	59
BUEY	OX	ox	100
BÚFALO	BUFFALO	báfelou	23
BUFANDA	SCARF	scáaf	129
BUHARDILLA	LOFT	lóoft	84
BÚHO	OWL	aul	100
BUITRE	VULTURE	válche	165
BUQUE, TANQUE	TANKER	tánque	151
BURBUJA	BUBBLE	bábel	23
BURLARSE	TO MOCK	tu moc	91
BURRO	DONKEY	dónqui	41
BUSCAR	TO SEARCH	tu séech	131
BUSCAR EN LA BASURA	SCAVENGE	scávinch	130
BÚSQUEDA	QUEST	cuést	119

C

ESPAÑOL	INGLÉS	PRONUNCIACIÓN	PÁG.
CABALLERÍA	CAVALRY	quévelri	28
CABALLERO	GENTLEMAN	yéntelman	57
CABALLETE	EASEL	íisel	44
CABALLITO ENANO	PONY	póni	111
CABALLO DE MAR	SEAHORSE	síjors	131

ESPAÑOL	INGLÉS	PRONUNCIACIÓN	PÁG.
CABAÑA	CABIN	québin	25
CABAÑA	COTTAGE	cótich	34
CABECERO	HEADREST	jédrest	66
CABELLERA	HAIR	jéa	64
CABESTRILLO	SLING	slín	139
CABEZA	HEAD	jed	66
CABEZA DE CHORLITO	SCATTERBRAIN	scátebrein	130
CABLE	CABLE	québel	25
CABLES DE CIERRE	JUMPER CABLES	yámpa québels	75
CABO (GEOGRÁFICO)	CAPE	queip	26
CABRA	GOAT	gout	59
CABRITO	KID	quid	76
CACAHUETE	PEANUT	píinat	105
CACAO	COCOA	coucou	31
CACHORRO	PUPPY	pápi	117
CACTUS	CACTUS	cáctes	25
CADA	EVERY	évri	46
CADA UNO	EACH ONE	íich uán	44
CADENA	CHAIN	chéin	29
CADERA	HIP	jip	69
CAER UNA COPA	TO DROP	tu drop	42
CAERSE	TO FALL	tu fóol	48
CAERSE AL SUELO	TO FALL DOWN	tu fóol dáun	48
CAERSE DE	TO FALL OFF	tu fóolof	48

ESPAÑOL	INGLÉS	PRONUNCIACIÓN	PÁG.
CAFÉ	COFFEE	cófi	31
CAJA	BOX	box	20
CAJA	CASE	queis	27
CAJA FUERTE	SAFE	séif	128
CAJÓN	DRAWER	dróo	42
CALABACÍN	ZUCCHINI	suquíini	173
CALABAZA	PUMPKIN	pámpkin	116
CALABAZA	SQUASH	scuósh	143
CALABOZO	DUNGEON	dánchen	43
CALAMAR	SQUID	scúid	144
CALCAR	TO TRACE	tu tréis	157
CALCETÍN	SOCK	sok	140
CALCULADORA	CALCULATOR	quelquiuléitor	25
CALDERA	CAULDRON	cóoldren	28
CALDERA	FURNACE	fénis	55
CALEIDOSCOPIO	KALEIDOSCOPE	queláidescoup	76
CALENDARIO	CALENDAR	quélendar	25
CALÉNDULA	MARIGOLD	mérigóul	87
CALENTAR	TO HEAT	tu jíit	67
CALENTARSE	TO WARM UP	tu uómap	167
CALLADO	SILENT	sáilent	136
CALLE	STREET	stríit	147
CALMA	CALM	calm	25
CALVO	BALD	bóold	12
CAMA	BED	bed	14

ESPAÑOL	INGLÉS	PRONUNCIACIÓN	PÁG.
CAMARERO	BARMAN	báamen	13
CAMBIAR	TO REPLACE	tu ripléis	123
CAMBIAR	TO TRADE	tu tréid	157
CAMBIAR	TO CHANGE	tu chéinch	29
CAMBIO	CHANGE	chéinch	29
CAMBIO DE SENTIDO	U-TURN	iúteen	163
CAMELLO	CAMEL	cámel	25
CAMILLA	STRETCHER	stréche	147
CAMINAR	TO WALK	tu uóok	166
CAMINAR DE PUNTILLAS	TO TIPTOE	tu tiptóu	155
CAMIÓN	TRUCK	trak	159
CAMIÓN VOLQUETE	DUMPTRUCK	damptrak	43
CAMISA	SHIRT	shéet	135
CAMISA LISA	PLAIN SHIRT	plein chéet	109
CAMPAMENTO	CAMP SITE	cámp sait	25
CAMPANA	BELL	bel	15
CAMPEÓN	CHAMPION	chémpien	29
CAMPO	COUNTRY	cántry	35
CAMPO	FIELD	fíild	50
CANAL	CANAL	quenál	26
CANAL	CHANNEL	chánel	29
CANAL	GUTTER	gáte	63
CANARIO	CANARY	quenéari	26
CANCHA	COURT	cóot	35
CANCIÓN	SONG	son	141
CANCIÓN DE CUNA	LULLABY	lálebai	85
CANDADO	PADBLOCK	pádbloc	101
CANGREJO	CRAB	crab	35
CANGURO	KANGAROO	kéngueru	76
CANICAS	MARBLES	máabels	87
CANOA	CANOE	quenúu	26
CANSADO	TIRED	táied	155
CANTAR	TO SING	tu sin	137
CÁNTARO	PITCHER	píche	108
CANTERA	QUARRY	cuóri	118
CANTIDAD	QUANTITY	kuántiti	118
CAÑA DE PESCAR	ROD	rod	126
CAÑA, JUNCO	REED	ríid	122
CAÑÓN	CANNON	cánen	26
CAÑÓN (GEOGRÁFICO)	CANYON	quénien	26
CAPA	CAPE	queip	26
CAPACITADO	QUALIFIED	cuólifaid	118
CAPAS	LAYER UPON LAYER	léierapónléie	80
CAPITÁN	CAPTAIN	quéptin	26
CAPITÁN DE BARCO	SKIPPER	squípe	138
CAPÍTULO	CHAPTER	chápte	29
CAPÓ	HOOD	jud	70
CAPTURAR	TO CAPTURE	tu cápche	26
CAPUCHA	HOOD	jud	70

ESPAÑOL	INGLÉS	PRONUNCIACIÓN	PÁG.
CAPULLO	BUD	bad	23
CARA, ROSTRO	FACE	feis	48
CARACOL	SNAIL	snéil	140
CARÁMBANO DE HIELO	ICICLE	aisiquel	71
CARAMELO	CANDY	cándi	26
CARAVANA	CARAVAN	cárevan	26
CARBÓN	CHARCOAL	chácoul	29
CARBÓN	COAL	coul	31
CARCAJADA	GUFFAW	guefóo	62
CARCAJADA	QUIVER	cuíve	119
CÁRCEL	JAIL	yéil	74
CARDO	THISTLE	císel	153
CARGA	CARGO	cáagou	27
CARGAR	TO LOAD	tu lóud	84
CARGAR BATERÍAS	TO CHARGE	tu cháach	29
CARNAVAL	CARNIVAL	cáanivel	27
CARNE	MEAT	míit	88
CARNE DE CORDERO	MUTTON	máten	94
CARNE DE VACA	BEEF	bíif	14
CARNICERO	BUTCHER	búcher	24
CARO	EXPENSIVE	ixpénsiv	47
CARPINTERÍA	WOODWORK	úud uek	171
CARPINTERO	CARPENTER	cápente	27
CARRERA	TO RACE	tu réis	120
CARRETA	CART	cáat	27
CARRETE	REEL	ríil	122
CARRETERA	ROAD	róud	125
CARRETILLA	WHEELBARROW	uíil bárou	169
CARRETILLA ELEVADORA	FORKSLIFT	fóokslift	54
CARRIL DE AUTOPISTA	LANE	lein	79
CARRITO	CARRIAGE	quérich	27
CARRO	WAGON	uégon	166
CARTA	LETTER	léte	81
CARTEL	POSTER	póste	112
CARTEL	SIGN	sáin	136
CARTERISTA	PICKPOCKET	pícpoquit	107
CARTERO	MAIL CARRIER	méilquerie	86
CARTÓN	CARDBOARD	cáadbood	27
CARTÓN	PASTEBOARD	péistbood	104
CASA DE HUÉSPEDES	GUESTHOUSE	guestjaus	62
CASARSE	TO MARRY	tu méri	87
CASCANUECES	NUTCRACKER	nátcraque	97
CÁSCARA	RIND	ráind	125
CASCO	HELMET	jélmit	67
CASCO	HOOF	júuf	70
CASETA DE PERRO	KENNEL	quénel	76
CASI	ALMOST	óolmoust	8
CASTAÑAS, NUECES	CASHEWS	quéshu	27
CASTIGAR	TO PUNISH	tu pánish	117

ESPAÑOL	INGLÉS	PRONUNCIACIÓN	PÁG.
CASTIGO	PENALTY	pénelti	105
CASTIGO	PUNISHMENT	pánischment	117
CASTILLO	CASTLE	cásel	27
CATÁLOGO	CATALOG	cátelog	28
CATARATA	WATERFALL	uótefol	167
CAUCHO	RUBBER	rábe	127
CAZADORA	WIND BREAKER	uínd bréique	170
CEBOLLA	ONION	ánien	99
CEBRA	ZEBRA	síibre	173
CEDER EL PASO	TO YIELD	tu yíild	173
CEJA	EYEBROW	aibrau	47
CEJA, FRENTE	BROW	brau	22
CELEBRAR	TO CELEBRATE	tu célebréit	28
CÉLULA	CELL	sel	28
CEMENTO	CEMENT	simént	28
CENA	SUPPER	sápe	148
CENICERO	ASHTRAY	aschtrei	10
CENTELLEAR	TWINKLE	tuínquel	161
CENTENO	RYE	rái	127
CENTINELA	SENTRY	séntri	133
CENTRO	CENTER	sénte	28
CEPILLAR	TO BRUSH	tu brásh	22
CEPILLO	BRUSH	brash	22
CEPILLO DE CARPINTERO	PLANE	plein	109
CEPILLO DE DIENTES	TOOTHBRUSH	túuzbrash	156
CEPILLO DE DIENTES	BRUSH	túuzbrash	23
CEPILLO PARA EL PELO	HAIRBRUSH	jéabrash	64
CERA	WAX	uóx	168
CERCA	NEAR	nia	95
CERCA	FENCE	fens	50
CERDO	PIG	pig	107
CEREAL	CEREAL	síriel	28
CEREBRO	BRAIN	bréin	21
CERO	ZERO	sírou	173
CERRADURA	LOCK	lok	84
CERRAR	TO CLOSE	tu clóus	30
CERRAR CON LLAVE	TO LOCK	tu lok	84
CERRO	RIDGE	rích	124
CERROJO	BOLT	bolt	19
CERTIFICADO	CERTIFICATE	setífiquet	29
CERVEZA CON GASEOSA	SHANDY	shándi	133
CERVEZA RUBIA	LAGER	láague	78
CÉSPED	GRASS	gráas	60
CÉSPED	LAWN	lóon	80
CESTO	BASKET	básket	13
CETRO	SCEPTRE	sépte	130
CHALADO	NUTTER	náte	97
CHALECO	VEST	vest	164
CHAMPÚ	SHAMPOO	shampú	133

ESPAÑOL	INGLÉS	PRONUNCIACIÓN	PÁG.
CHAMUSCAR	TO SCORCH	tu scóoch	131
CHANCLA	OVERSHOE	óuveshuu	100
CHAPOTEAR	TO WARE	tu uéa	166
CHAQUETA	BLAZER	bleise	18
CHAQUETA	JACKET	yékit	74
CHARCO	PUDDLE	pádel	116
CHARLAR	TO CHAT	tu chat	29
CHICHÓN	BUMP	bamp	24
CHICHÓN	LUMP	lamp	85
CHICLE	GUM	gam	63
CHICO	BOY	bói	21
CHICO	KID	quid	76
CHILLAR	BAWL	bóol	13
CHIMENEA	FIREPLACE	fáierpleis	51
CHIRIVÍA	PARSNIP	páasnip	103
CHISME	TALE	téil	150
CHISPA	SPARK	spáak	142
CHOCAR	COLLISION	colíchen	32
CHOCAR	TO CRASH	tu crash	36
CHORREAR	TO SQUIRT	tu scuéet	144
CHORREAR	TO TRICKLE	tu tríquel	158
CHORRO DE AGUA	JET OF WATER	yetev uóte	74
CHOTACABRAS	GOATSUCKER	goutsáke	169
CHOZA	SHACK	shak	133
CHUPAR	TO SUCK	tu sác	148
CICATRIZ	SCAR	scáa	129
CIEGO	BLIND	blaind	18
CIELO	HEAVEN	jéven	67
CIELO	SKY	scái	138
CIEMPIÉS	CENTIPEDE	séntipid	28
CIENTÍFICO	SCIENTIST	sáientist	130
CIERTO, VERDADERO	TRUE	trúu	159
CIGALA	SCAMPI	scámpi	129
CIGÜEÑA	STORK	stóok	146
CILINDRO	CYLINDER	silínder	38
CIMIENTOS	FOUNDATION	faundeichen	54
CINCO	FIVE	fáif	51
CINTA	RIBBON	ríben	124
CINTA	TAPE	téip	151
CINTA ADHESIVA	ADHESIVE	edjísiv	7
CINTA DE VÍDEO	VIDEO TAPE	vídiuteip	164
CINTURA	WAIST	uéist	166
CINTURÓN	BELT	belt	15
CINTURÓN DE SEGURIDAD	SEATBELT	síitbelt	132
CIPRÉS	CYPRESS	sáipres	38
CIRUELA	PLUM	plam	110
CIRUELA PASA	PRUNE	prúun	115
CIRUJANO	SURGEON	séechen	148
CISNE	SWAN	suán	149

ESPAÑOL	INGLÉS	PRONUNCIACIÓN	PÁG.
CIZALLA	SHEARS	shíes	134
CLARO, EVIDENTE	PLAIN	plein	109
CLAVAR	TO NAIL	tu néil	95
CLAVEL	CARNATION	caanéishen	27
CLAVO	NAIL	néil	95
CLIENTE	CUSTOMER	cásteme	38
CLÍNICA	CLINIC	clínic	30
COBARDE	COWARD	cáued	35
COBRE	COPPER	cópe	34
COCER	TO POACH	tu póuch	110
COCER AL HORNO	TO BAKE	tu béik	12
COCHE	CAR	cáa	26
COCHE DE BOMBEROS	FIRE ENGINE	fáierenchin	51
COCHERA	GARAGE	gueráach	56
COCIENTE	QUOTIENT	cuóuchent	119
COCINA	KITCHEN	quíchen	77
COCINA	STOVE	stóuv	146
COCINERO	COOK	cúk	34
COCO	COCONUT	cóquenat	31
COCODRILO	CROCODILE	crocodail	36
CODO	ELBOW	élbou	45
CODORNIZ	QUAIL	kuéil	118
COGER, ASIR	TO TAKE	tu téik	150
COHETE	ROCKET	róquet	126
COJEAR	TO LIMP	tu limp	83
COJÍN	CUSHION	cáshen	38
COJO	LAME	leim	78
COL	CABBAGE	cábich	25
COLAR	TO STRAIN	tu stréin	146
COLCHA	QUILT	cuílt	119
COLCHÓN	MATTRESS	mátres	88
COLECCIONAR	TO COLLECT	tu colékt	31
COLES DE BRUSELAS	BRUSSELS SPROUTS	brásels sprauts	23
COLGADOR	HANGER	jángue	65
COLGAR	TO HANG	tu jan	65
COLGAR	TO HANG UP	tu jánap	65
COLIFLOR	CAULIFLOWER	cóliflaue	28
COLINA	HILL	jil	69
COLISIÓN	COLLIDE	coláid	32
COLLAR	NECKLACE	néklis	95
COLMENA	HIVE	jáif	69
COLMILLO	FANG	fang	48
COLMILLO	TUSK	task	160
COLOCAR	TO PLACE	tu pleis	80
COLOR	COLOUR	cále	32
COLOR AMARILLO	YELLOW	iélou	173
COLOR NARANJA	ORANGE	órinch	99
COLOR ROSA	PINK	pink	108
COLOR TURQUESA	TURQUOISE	téecuois	160
COLUMNA	COLUMN	cólem	32
COLUMPIARSE	TO SWING	tu suín	149
COLUMPIO	SWING	súin	149
COMA	COMMA	cóme	32
COMADREJA	WEASEL	uísel	168
COMBINAR	TO COMBINE	tu quembáin	32
COMBUSTIBLE	FUEL	fiúel	55
COMEDERO, RA	FEEDING TROUGH	fídin zrou	158
COMER	TO EAT	tu íit	44
COMESTIBLES	GROCERIES	grouseris	61

ESPAÑOL	INGLÉS	PRONUNCIACIÓN	PÁG.
COMETA	KITE	cait	77
COMIDA	FOOD	fúud	53
COMIDA	MEAL	míil	88
COMO	AS	as	10
CÓMODA	DRESSER	drése	42
CÓMODO	COMFORTABLE	cámftebel	32
COMPAÑEROS	COMPANIONS	quempániens	32
COMPAÑÍA	COMPANY	cómpani	32
COMPARAR	TO COMPARE	tu quempéa	32
COMPARTIR	TO SHARE	tu shea	133
CÓMPLICE	ACCESORY	exéseri	7
COMPONER	TO COMPOSE	tu quempóus	33
COMPOSICIÓN	COMPOSITION	compesíchen	33
COMPOSITOR	COMPOSER	quempóuse	33
COMPRAR	TO BUY	tu bái	24
COMPUTADORA	COMPUTER	compiúte	33
COMUNIDAD	COMMUNITY	comíuniti	32
CONCEDER	TO GRANT	tu grant	60
CONCENTRARSE	TO CONCENTRATE	tu cónsentreit	33
CONCHA	SHELL	shel	134
CONCIERTO	CONCERT	cónset	33
CONCURSO	QUIZ	cuís	119
CONDUCIR	TO DRIVE	tu draiv	42
CONDUCIR	TO STEER	tu stíe	145
CONDUCIR, GUIAR	TO GUIDE	tu gáid	62
CONDUCTOR	CONDUCTOR	condácte	33
CONDUCTOR	DRIVER	dráive	42
CONECTAR	TO CONNECT	tu quenéct	33
CONEJITO DE INDIAS	GUINEA PIG	guínipig	62
CONEJO	RABBIT	rábit	120
CONFIADO	CONFIDENT	cónfident	33
CONFIAR	TO TRUST	tu trást	159
CONFUNDIDO	CONFUSED	quenfíust	33
CONGELAR	TO FREEZE	tu fríis	54
CONO	CONE	cóun	33
CONOCER	TO KNOW	tu nóu	77
CONSERVAS	PRESERVES	priséervs	113
CONSONANTE	CONSONANT	cónsenent	33
CONSTELACIÓN	CONSTELLATION	consteléichen	33
CONSTRUIR	TO BUILD	tu bild	23
CONTADOR	COUNTER	caunte	35
CONTAR	TO COUNT	tu cáunt	35
CONTESTA	ANSWER	ánse	9
CONTINENTE	CONTINENT	cóntinent	33
CONTRA	AGAINST	eguéinst	8
CONTRASEÑA	PASSWORD	páasueed	104
CONVERSACIÓN	CONVERSATION	convestéichen	34
CONVERTIRSE	BECOME	bikám	14
COPIAR	TO COPY	tu cópi	34

ESPAÑOL	INGLÉS	PRONUNCIACIÓN	PÁG.
COPO DE NIEVE	SNOWFLAKE	snóufleik	140
COPOS	FLAKE	fleik	51
CORAL	CORAL	córel	34
CORAZÓN	HEART	jáart	67
CORBATA	TIE	tai	154
CORCHO	CORK	cóok	34
CORDEL	CORD	cóod	34
CORDEL	STRING	strín	147
CORDÓN	SHOELACE	shúuleis	135
CORNETA	BUGLE	biuguel	23
CORNETA	CORNET	cóonit	34
CORONA	CROWN	craun	37
CORONA	WREATH	ríiz	172
CORONAR	TO CROWN	tu cráun	37
CORREA	LEASH	líish	80
CORREA	STRAP	stráp	146
CORREO	MAIL	méil	86
CORREO AÉREO	AIR MAIL	éa méil	8
CORRER	TO RUN	tu ran	127
CORRER (EL AGUA)	TO FLOW	tu flóu	52
CORRER A TODA VELOCIDAD	PELT RUN	pelt ran	105
CORRER DE PRISA	TO SPRINT	tu sprínt	143
CORRIENTE (RÍO)	CURRENT	cárent	38
CORTADORA DE CÉSPED	LAWN CUTTER	lóon cáter	80
CORTAPLUMAS	PENKNIFE	pen naif	106
CORTAR	TO CUT	tu cat	38
CORTAUÑAS	NAIL CLIPPER	néil clípe	95
CORTEZA	CRUST	crast	37
CORTINAS	CURTAINS	quétens	38
COSA	THING	cín	153
COSECHA	CROP	crop	36
COSECHAR	TO HARVEST	tu jáavest	66
COSER	TO SEW	tu sóu	133
COSMONAUTA	COSMONAUT	cósmenot	34
COSTA, LITORAL	COAST	cóust	31
COSTADO, LADO	SIDE	sáid	136
COSTILLA	RIB	rib	124
COSTUMBRE	HABIT	jábit	64
COSTURA	SEAM	síim	131
CRÁNEO	SKULL	scál	138
CRÁTER	CRATER	creit	36
CRECER	TO GROW	tu gróu	62
CREMA	CREAM	críim	36
CREMALLERA	FLY	flai	53
CREMALLERA	ZIPPER	síper	173
CREO	I BELIEVE	ai bilíiv	15
CREPÚSCULO	DUSK	dask	43
CREPÚSCULO	TWILIGHT	tuáilait	160
CRIATURA	INFANT	ínfent	72

ESPAÑOL	INGLÉS	PRONUNCIACIÓN	PÁG.
CRIMINAL	CRIMINAL	críminel	36
CRIN	MANE	mein	86
CRISTAL	CRYSTAL	crístel	37
CRUCE	INTERSECTION	intesékchen	73
CRUDO INVIERNO	A HARSH WINTER	e jars uinte	66
CRUZ	CROSS	cros	37
CRUZAR	TO CROSS	tu cros	37
CUADRADO	SQUARE	scuéa	143
CUADRIGA	CHARIOT	chériet	29
CUADRO	PICTURE	píkche	107
CUADRO DE MANDOS	DASHBOARD	dáshbod	39
CUADRO FALSO	FAKE PAINTING	feik peintin	48
CUADRÚPEDO	QUADRUPED	cuódruped	118
CUÁL	WHICH	uích	169
CUÁNDO	WHEN	uén	169
CUARTEL	BARRACK	bárek	13
CUARTETO	QUARTET	cuótet	118
CUARTO	QUARTER	cuóote	118
CUARTO DE BAÑO	BATHROOM	báazrum	13
CUARTO DE BAÑO	TOILET	tóilet	155
CUARZO	QUARZ	cuóots	118
CUBIERTOS	CUTLERY	cátleri	38
CUBO	BLOCK	blok	18
CUBO	BUCKET	báquit	23
CUBO	CUBE	quiúb	37
CUBO DE BASURA	GARBAGE CAN	gábich quen	56
CUCHARA	SPOON	spúun	143
CUCHARÓN	LADLE	léidel	78
CUCHILLO	KNIFE	náif	77
CUCLILLA	CUCKOO	cúcu	37
CUCLILLAS (EN)	TO SQUAT	tu scuót	143
CUELLO	COLLAR	cóla	31
CUELLO	NECK	nek	95
CUENTA	ACCOUNT	ecáunt	7
CUENTAKILÓMETROS	ODOMETER	oudómete	98
CUENTO	STORY	stóri	146
CUERO	HIDE	jaid	68
CUERO	LEATHER	léde	80
CUERO CABELLUDO	SCALP	scálp	129
CUERPO	BODY	bádi	19
CUERVO	CROW	crou	37
CUERVO	RAVEN	réiven	121
CUESTIÓN, MATERIA	MATTER	máte	88
CUEVA	CAVE	queiv	28
CUIDADO	BEWARE	biuéa	16
CUIDAR	TO CARE	tu quéa	27
CULPA	FAULT	fóolt	49
CULPABLE	GUILTY	guílty	62
CUMBRE	PEAK	píik	105

ESPAÑOL	INGLÉS	PRONUNCIACIÓN	PÁG.
CUMPLEAÑOS	BIRTHDAY	béezdei	17
CUNA	CRADLE	créidel	35
CUÑA	WEDGE	uéch	168
CÚPULA	DOME	doum	41
CURARSE	CURE	quiúe	38
CURIOSO	CURIOUS	quiúeries	38
CURVA	BEND	bend	15
CURVA	CURVE	quérv	38

D

ESPAÑOL	INGLÉS	PRONUNCIACIÓN	PÁG.
DAR	TO GIVE	tu gif	58
DAR AL BLANCO	TARGET	táaguet	151
DAR ALARIDOS	TO SHRIEK	tu shríik	136
DAR CUERDA	TO WIND	tu uáind	170
DAR LA VUELTA	TO TURN OVER	tu téen óuve	160
DAR LUZ	TO LIGHT	tu láit	82
DAR PROPINA	TO TIP	tu tip	155
DAR PUÑETAZOS	TO PUNCH	tu panch	116
DAR TAJOS	TO SLASH	tu slásh	138
DAR UN CODAZO	TO JAB	tu yab	74
DAR VOLTERETAS	TO TUMBLE	tu támbel	159
DAR VUELTAS	GYRATE	yairéit	63
DAR VUELTAS	TO TWIRL	tu tuil	160
DARDO	DART	dáat	39
DARSE CUENTA	TO REALIZE	tu rieláis	121
DARSE PRISA	TO RUSH	tu rash	127
DE REPENTE... LLUVIA	SUDDENLY... RAIN	sádenli... réin	148
DE VERAS	REALLY	ríeli	121
DEBAJO	BELOW	bilóu	15
DEBAJO	UNDER	ánde	162
DEBAJO DEL BRAZO	UNDERARM	anderáam	162
DEBER	TO OWE	tu ou	100
DÉBIL	WEAR	uéa	168
DÉCIMO	TENTH	tenz	153
DECIR	TO TELL	tu tel	152
DECIR LA VERDAD	TO TELL THE TRUTH	tu tel de trúuz	159
DECORAR UNA TARTA	ICING	aising	71
DEDAL	THIMBLE	címbel	153
DEDO	FINGER	fíngue	50
DEDO PULGAR	THUMB	zám	154
DEDOS DEL PIE	TOES	tóus	155
DEJAR PERPLEJO	MYSTIFY	místifai	94
DELANTERO	FORWARD	foued	54
DELATAR	TO INFORM	tu infóom	72
DELETREAR	TO SPELL	tu spél	142
DELFÍN	DOLPHIN	dólfin	41
DELGADA	SLIM	slím	139
DEMOSTRAR	TO PROVE	tu prúuf	115
DENTRO	INSIDE	insáid	72
DENTRO DE	INDOORS	indóos	72
DEPÓSITO	TANK	tánk	151
DERECHA	RIGHT	ráit	124
DERRAMAR	SCATTER	scáte	130
DERRAMAR	TO SPILL	tu spíl	142
DERRETIR	TO MELT	tu melt	89
DESACUERDO (ESTAR EN)	TO DISAGREE	tu disagríi	40
DESAGÜE	DRAIN	drein	41

ESPAÑOL	INGLÉS	PRONUNCIACIÓN	PÁG.
DESAPARECER	TO DISAPPEAR	tu disapíe	40
DESARMADO	UNARMED	anáamd	162
DESASTRE	DISASTER	disáste	40
DESATENDIDO	UNATTENDED	anaténdid	162
DESAYUNAR	TO HAVE BREAKFAST	tu jaf brekfaast	44
DESAYUNO	BREAKFAST	brékfast	21
DESAYUNO	BREAKFAST	brékfast	34
DESCANSAR	RELAX	riláx	123
DESCANSAR	TO REST	tu rest	124
DESCARGAR	TO DUMP	tu dámp	43
DESCARGAR	TO UNLOAD	tu anlóud	163
DESCONSOLADA	BEREAVED	biríivd	15
DESCORCHAR	UNCORK	ancóok	162
DESCORTÉS	UNCIVIL	ansívil	162
DESCUBRIR	TO DISCOVER	tu discóve	40
DESCUIDADO	CARELESS	quéales	27
DESCUIDAR	NEGLECT	nigléct	96
DESECHOS	JUNK	chank	75
DESENVOLVER	TO UNWRAP	tu anráp	163
DESEO	WISH	uísh	171
DESFILE	PARADE	peréid	102
DESGARBADO	TO SLOUCH	tu sláuch	139
DESGREÑADO	SHAGGY	shágui	133
DESHIELO	TO THAW	tu zóo	153
DESHONESTO	DISHONEST	disónist	40
DESINTERESADO	SELFLESS	sélfles	132
DESLIZARSE	TO GLIDE	tu gláid	58
DESMONTAR	TO TAKE APART	tu téik apáat	150
DESNUDARSE	TO UNDRESS	tu andrés	163
DESNUDO	NAKED	néiquid	95
DESORDEN	MESS	mes	89
DESPACHO	BOOKING OFFICE	búquin ófis	20
DESPEGAR	TO TAKE OFF	tu téicof	150
DESPERDICIAR	TO WASTE	tu uéist	167
DESPERTADOR	ALARM CLOCK	elám cloc	8
DESPERTAR	TO WAKE	tu uéik	166
DESPIERTO	AWAKE	euéik	11
DESPLUMAR	TO PLUCK	tu plac	110
DESPUÉS	AFTER	áfter	8
DESTAPAR	UNCOVER	ancóuve	162
DESTORNILLADOR	SCREWDRIVER	scriúdraive	131
DESTORNILLAR	UNSCREW	anscriú	163
DESVIAR	TO PARRY	tu pári	103
DETENER	TO HALT	tu jalt	64
DETENER	TO STOP	tu stóp	146
DETRÁS	BEHIND	bijáind	15
DEVOLVER	TO GET IT BACK	tu guétit bak	57
DEVOLVER	TO GIVE BACK	tu gífbak	58
DEVOLVER	TO TAKE BACK	tu téik bak	150

Español	Inglés	Pronunciación	Pág.
DÍA	DAY	déi	39
DÍA AGRADABLE	A PLEASANT DAY	e plesent dei	110
DIBUJAR	TO DRAW	tu dróo	41
DIENTE	TOOTH	túuz	156
DIENTE DE LEÓN	DANDELION	déndilaien	39
DIESTRO	RIGHTHAND	ráitjand	125
DIESTRO, HÁBIL	HANDY	jéndi	65
DIEZ	TEN	tén	152
DIGO	I SAY	ai sei	129
DILEMA	QUANDARY	cuónderi	118
DILIGENCIA	ERRAND	érend	46
DIMINUTO	TINY	táini	155
DINERO	CASH	cash	27
DINERO	MONEY	máni	91
DIRECCIÓN	ADDRESS	ádres	7
DIRECTOR	CONDUCTOR	condácte	33
DIRECTOR	PRINCIPAL	prínsipel	114
DISCO	RECORD	récood	122
DISCULPE	EXCUSE	ixquiús	47
DISCUTIR	BICKER	bíke	16
DISCUTIR	TO ARGUE	tu áaguiu	10
DISCUTIR	TO DISCUSS	tu discás	40
DISFRAZ	DISGUISE	disgáis	40
DISOLVER	TO DISSOLVE	tu disólv	40
DISPARAR	TO SHOOT	tu shúut	135
DISPARO	GUNSHOT	gánshot	63
DISTANCIA	DISTANCE	dístens	40
DISTANTE	DISTANT	dístent	40
DISTINCIÓN	HONOUR	óne	70
DISTRITO	DISTRICT	dístrict	40
DIVERSIÓN	FUN	fan	55
DIVERTIDO	FUNNY	fáni	55
DIVIDIR	TO DIVIDE	tu diváid	40
DOBLADILLO	HEM	jem	67
DOBLAR	TO FOLD	tu fóuld	53
DOBLE	DOUBLE	dábel	41
DOCENA	DOZEN	dásen	41
DOCTOR	DOCTOR	dócte	41
DOLOR	PAIN	pein	101
DOLOR DE CABEZA	HEADACHE	jédeik	66
DOLOR DE MUELAS	TOOTHACHE	túuz eik	156
DOLOR MUY AGUDO	PANG	pang	102
DOLORIDO	SORE	sóo	141
DOMINAR	TO MASTER	tu máste	87
DOMINGO	SUNDAY	sándei	148
DÓNDE	WHERE	uéa	169
DORMIDO	ASLEEP	eslip	10
DORMIR	TO SLEEP	tu slíip	138
DORMITAR	TO DOZE	tu dóus	41
DORMITORIO	BEDROOM	bédrum	14
DOS	TWO	túu	161
DOS PIEZAS	TWO PIECES	túu píisis	161
DOS VECES	TWICE	tuáis	160
DRAGÓN	DRAGON	dréguen	41
DUCHA	SHOWER	sháuer	136
DUDA	QUALM	cuáam	118
DUELO	DUEL	díuel	43
DUENDECILLO	PIXIE	píxi	109
DULCE	SWEET	suíit	149
DUQUE	DUKE	diuk	43
DUQUESA	DUCHESS	dáches	43
DURO	HARD	jáad	65

E

Español	Inglés	Pronunciación	Pág.
ECHAR AL CORREO	TO POST	tu póust	112
ECLIPSE	ECLIPSE	iclíps	44
ECO	ECHO	écou	44
ECUADOR	EQUATOR	icuéite	46
EDAD	AGE	éich	8
EGOÍSMO	SELFISHNESS	sélfisnes	132
EGOÍSTA	SELFISH	sélfish	132
EJE	AXLE	ácsel	11
EJEMPLO	EXAMPLE	ixámpel	47
EJÉRCITO	ARMY	ámi	10
EL PRIMERO	THE FIRST	de féest	51
ELÁSTICO	ELASTIC	ilástic	45
ELECCIÓN	ELECTION	ilékchen	45
ELECTRICIDAD	ELECTRICITY	elektrísiti	45
ELECTRICISTA	ELECTRICIAN	elektríchen	45
ELEFANTE	ELEPHANT	élefant	45
ELOGIAR	TO PRAISE	tu préis	113
EMBALAJE DE CARTÓN	CARTON	cáaten	27
EMBARAZADA	PREGNANT	prégnent	113
EMBRAGUE	CLUTCH	clách	31
EMBRUJADA	BEWITCH	biuích	16
EMBRUJADA, ENCANTADA	HAUNTED	jóontid	66
EMBUDO	FUNNEL	fánel	55
EMBUSTERO	LIAR	láie	81
EMERGENCIA	EMERGENCY	iméchensi	45
EMPAQUETAR	TO PACK	tu pac	101
EMPEZAR	TO BEGIN	tu biguín	14
EMPINADO	STEEP	stíip	145
EMPOLLAR	TO HATCH	tu jach	66
EMPUJAR	TO POKE	tu póuc	111
EMPUJAR	TO PUSH	tu push	117
EMPUJAR	TO SHOVE	tu shav	135
EN	IN	in	71
EN ESTE MOMENTO	JUST	yást	75
EN FLOR	BLOOM	blúum	19
EN FRENTE	OPPOSITE	óposit	99
EN LUGAR DE	INSTEAD	instéd	72
EN SEGUIDA	AT ONCE	etuáns	10
ENANO	DWARF	duárf	43
ENANO	MIDGET	míyit	90
ENCAJE	LACE	leis	78
ENCENDER	KINDLE	quíndel	76

ESPAÑOL	INGLÉS	PRONUNCIACIÓN	PÁG.
ENCENDER	TO SWITCH	tu suích	149
ENCENDER	TO TURN ON	tu téen on	160
ENCHUFE	PLUG	plag	110
ENCHUFE	SOCKET	sóquit	140
ENCÍA	GUM	gam	63
ENCIMA	ABOVE	ebáf	7
ENCIMA	ON	on	99
ENCOGER	TO SHRINK	tu shrink	136
ENCOGERSE	TO WINCE	tu uíns	170
ENCONTRARSE	TO MEET	tu míit	88
ENCRESPAR	TO CURL	tu quéel	38
ENEMIGOS	ENEMIES	énemis	45
ENERO	JANUARY	yénueri	74
ENFERMEDAD	DISEASE	disíis	40
ENFERMO	ILL	il	71
ENFERMO	SICK	sik	136
ENGAÑAR	TO BEGUILE	tu bigáil	14
ENGRANAJES	GEARS	guíes	57
ENGRUDO	PASTE	peist	104
ENGULLIRSE	GUZZLE	gásel	63
ENHEBRAR	TO THREAD	tu zred	154
ENJAMBRE	SWARM	suóom	149
ENJUAGAR	TO RINSE	tu rins	125
ENLAZAR	TO LINK	tu link	83
ENOJADO	ANGRY	angri	9
ENORME	ENORMOUS	inómes	46
ENREDADO	TANGLED	tángueld	151
ENSALADA	SALAD	sálad	128
ENSAYAR	TO PRACTICE	tu práctis	113
ENSAYO	REHEARSE	rijéers	123
ENSEÑANZA	INSTRUCTION	instrákchen	72
ENSEÑAR	TO TEACH	tu tíich	152
ENSUCIAR	TO LITTER	tu líte	83
ENTENDER, COMPRENDER	TO UNDERSTAND	tu andestánd	163
ENTERO	UNBROKEN	anbróuquen	162
ENTERRAR	TO BURY	tu béri	24
ENTRA	INTO	íntu	73
ENTRADA	ENTRANCE	éntrans	46
ENTRADA EN CARNES	FLESH	flesh	52
ENTRAR	TO ENTER	tu énte	46
ENTRAR	TO GO IN	tu góuin	59
ENTRE	BETWEEN	bituín	16
ENTRELAZAR	TO WEAVE	tu uíif	168
ENTRENADOR	COACH	couch	31
ENTRENAR	TO COACH	tu cóuch	31
ENTREVISTA	INTERVIEW	ínteviu	73
ENVIAR	TO SEND	tu send	132
ENVOLVER	TO WRAP	tu rap	172
EQUILIBRIO	BALANCE	bálens	12

ESPAÑOL	INGLÉS	PRONUNCIACIÓN	PÁG.
EQUIPAJE	BAGGAGE	báguich	12
EQUIPAJE	LUGGAGE	láguich	85
EQUIPO	TEAM	tíim	152
EQUIVALEN	AMOUNT	emáunt	9
EQUIVOCADO	WRONG	ron	172
ERIZO	HEDGEHOG	jédjog	67
ERMITAÑO	HERMIT	jérmit	68
ESCALA TÉCNICA	STOP OVER	stóp óuve	146
ESCALAR	TO CLIMB	tu cláim	30
ESCALDARSE	TO SCALD	tu scóold	129
ESCALERA	LADDER	láde	78
ESCALERA	STAIRCASE	stéaqueis	144
ESCALERA DE INCENDIOS	FIRE ESCAPE	fáieresqueip	51
ESCALERA MECÁNICA	ESCALATOR	esqueléite	46
ESCALÓN	STEP	stép	145
ESCAPARATE	SHOP WINDOW	shop uindou	135
ESCAPARSE	TO ESCAPE	tu esquéip	46
ESCARABAJO	BEETLE	bíitel	14
ESCARCHA	FROST	frost	55
ESCARLATA	SCARLET	scáalet	130
ESCARPADO	RUGGED	ráguid	127
ESCAYOLA	PLASTER	pláaste	109
ESCENA	SCENE	síin	130
ESCENARIO	STAGE	stéich	144
ESCOBA	BROOM	brúum	22
ESCOCER	TO STING	tu stín	145
ESCOGER	TO SORT	tu sóot	141
ESCOGER CARTA	TO PICK	tu pic	107
ESCONDER	TO HIDE	tu jáid	68
ESCONDITE	HIDING PLACE	jáidinpleis	68
ESCRIBIR	TO WRITE	tu ráit	172
ESCRIBIR A MÁQUINA	TO TYPE	tu táip	160
ESCUCHAR	LISTEN	lísen	83
ESCUDO	SHIELD	shíild	134
ESCUELA	SCHOOL	scúul	130
ESCULTOR	SCULPTOR	scálpte	131
ESCUPIR	TO SPIT	tu spít	142
ESFERA	SPHERE	sfíe	142
ESFORZARSE	TO STRAIN	tu stréin	146
ESPADA	SWORD	súod	149
ESPALDA	BACK	bak	12
ESPANTAPÁJAROS	SCARECROW	squéacrou	129
ESPARCIR	TO SPREAD	tu spréd	143
ESPÁRRAGOS	ASPARAGUS	espáregues	10
ESPEJISMO	MIRAGE	merách	90
ESPEJO	MIRROR	míre	90
ESPERAR	TO EXPECT	tu expékt	47
ESPERAR	TO HOPE	tu jóup	70
ESPERAR	TO WAIT	tu uéit	166

185

ESPAÑOL	INGLÉS	PRONUNCIACIÓN	PÁG.
ESPIGADO	TALL	tóol	151
ESPINA	THORN	zóon	153
ESPINA DORSAL	SPINE	spáin	142
ESPINACA	SPINACH	spinich	142
ESPINILLA	PIMPLE	pímpel	108
ESPINILLA	SHIN	shin	134
ESPINOSO	PRICKLY	prícli	114
ESPIRAL	COIL	coil	31
ESPIRAL	SPIRAL	spáirel	142
ESPOLVOREAR	TO SPRINKLE	tu sprínquel	143
ESPONJA	SPONGE	spánch	143
ESPOSA	WIFE	uáif	170
ESPOSAS	HANDCUFFS	jéndcafs	65
ESPUMA	FOAM	foum	53
ESPUMA	LATHER	láde	79
ESQUELETO	SKELETON	squéliten	137
ESQUÍ ACUÁTICO	WATERSKIING	uótesquíin	167
ESQUIAR	TO SKI	tu squíi	138
ESQUÍS	SKIS	squíis	137
ESTABLO	STABLE	stéibel	144
ESTACA	STAKE	stéik	144
ESTACIÓN DE FERROCARRIL	TRAIN STATION	trénsteichen	144
ESTACIONES	SEASONS	sísons	132
ESTANQUE	POND	pond	111
ESTANQUE	SHELF	shelf	134
ESTAR BIEN	TO BE FINE	tu bíi fain	50
ESTAR CONTENTO	TO BE HAPPY	tu bíi jápi	65
ESTAR EN PIE	TO STAND	tu stánd	144
ESTAR OCUPADO	BUSY	bísi	24
ESTATUA	STATUE	státiu	145
ESTE	EAST	íist	44
ESTIRAR	TO STRECH	tu stréch	147
ESTOFADO	STEW	stiú	145
ESTÓMAGO	STOMACH	stámek	146
ESTORNINO	STARLING	stáalin	144
ESTORNUDAR	TO SNEEZE	tu sníis	140
ESTOY DE ACUERDO	I AGREE	ai egrí	8
ESTRAGÓN	TARRAGON	táreguen	151
ESTRECHAR	TO SQUEEZE	tu scuíis	143
ESTRECHO	NARROW	nárou	95
ESTRELLA	STAR	stáa	144
ESTRÍA	TREAD	tred	158
ESTROPEADO	DAMAGED	démich	39
ESTRUJAR	TO WRING	tu rin	172
ESTUDIANTE	STUDENT	stiúdent	147
ESTUDIAR	TO STUDY	tu stádi	147
ESTUDIOS	SCHOOLING	scúulin	130
ETIQUETA	LABEL	leibel	78
EUROPA	EUROPE	iúroup	46

ESPAÑOL	INGLÉS	PRONUNCIACIÓN	PÁG.
EVAPORACIÓN	EVAPORATION	ivaporéichen	46
EVIDENTE	AXIOM	áxiem	11
EVITAR	AVOID	evóid	11
EXAMEN	EXAM	ixám	46
EXAMINAR	TO EXAMINE	tu igsámin	47
EXCAVADORA	BULLDOZER	búldouse	23
EXCLAMACIÓN	EXCLAMATION MARK	ixclaméichen máak	47
EXISTIR	TO EXIST	tu igsíst	47
EXPANDIR	TO EXPAND	tu expánd	47
EXPERIMENTO	EXPERIMENT	ixpériment	47
EXPERTA	EXPERT	éxpet	47
EXPLICARSE	TO EXPLAIN	tu ikspléin	47
EXPLORADOR	SCOUT	scáut	131
EXPLORAR	TO EXPLORE	tu ikspóo	47
EXPLOSIÓN	BLAST	blast	18
EXPLOSIÓN	EXPLOSION	ixpóuchen	47
EXTRAER	TO TAKE OUT	tu téicaut	150
EXTRAÑO	WEIRD	uíed	168

F

FÁBRICA	FACTORY	fácteri	48
FÁBULA	FABLE	féibel	48
FAJA, CINTA	BAND	band	12
FALDA	SKIRT	squét	138
FALDA ESCOCESA	KILT	quilt	76
FALLAR	TO BREAK DOWN	tu bréik dáun	21
FALSA ALARMA	FALSE ALARM	fols elám	48
FAMÉLICO	STARVE	stáav	144
FAMILIA	FAMILY	fámili	48
FAMOSA	FAMOUS	féimous	48
FANFARRONEAR	TO BRAG	tu brag	21
FANFARRONEAR	TO SHOW OF	tu shóuof	135
FANTASMA	GHOST	gost	58
FARINGITIS	PHARYNGITIS	fárinyaitis	107
FARMACÉUTICO	PHARMACIST	fáamesist	107
FARMACIA	PHARMACY	fáamasi	107
FARO	LIGHTHOUSE	láitjaus	82
FAROL	LAMP POST	lámpoust	78
FAROL	LANTERN	lánten	79
FAROL	STREET LAMP	stríit lámp	147
FAVOR	FAVOUR	feiva	49
FAVORITO	FAVOURITE	féivrit	49
FE	FAITH	feiz	48
FEBRERO	FEBRUARY	fébruери	49
FECHA	DATE	déit	39
FELICIDAD	BLISS	blis	18
FELICITAR	TO CONGRATULATE	tu quengrátiuleit	33

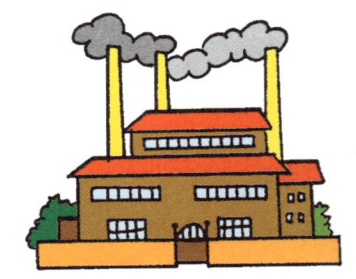

Español	Inglés	Pronunciación	Pág.
FEO	UGLY	ágli	162
FEO	UNSIGHTLY	ansáitli	163
FERIA	FAIR	féa	48
FESTÍN	FEAST	fíist	49
FESTIVAL	FESTIVAL	féstivel	50
FÉTIDO	FOUL	faul	54
FIAMBRERA	LUNCHBOX	lánchbox	85
FIDEOS, PASTA	PASTE	páste	104
FIEBRE	FEVER	fíive	50
FIEBRE TIFOIDEA	TYPHOID	táifoid	161
FIESTA	PARTY	páati	103
FIGURA	SHAPE	shéip	133
FILA	ROW	róu	126
FIN	END	end	45
FIN DE SEMANA	WEEKEND	uíiquend	168
FIRMA	SIGNATURE	sínache	136
FIRMAR	TO FIRM	tu féem	51
FLACO	THIN	cín	153
FLECHA	ARROW	árou	10
FLOR	FLOWER	fláuer	52
FLOR LOZANA	HEALTHY FLOWER	jélci flaue	66
FLORECER	TO BLOSSOM	tu blósem	19
FLOTAR	TO FLOAT	tu flóut	52
FLUIDO	FLUID	flúid	53
FOCA	SEAL	síil	131
FOGONAZO	FLASH	flash	52
FONDO	BOTTOM	bótom	20
FONDO	FUND	fand	55
FONTANERO	PLUMBER	pláme	110
FORRO	LINING	láinin	83
FORRO, SOBRECUBIERTA	DUST JACKET	dast cháquet	74
FORZAR	TO FORCE	tu fóos	53
FÓSFORO	MATCH	máach	88
FÓSIL	FOSSIL	fósel	54
FOSO	MOAT	mout	91
FOTOGRAFÍA	PHOTOGRAPH	fótograf	107
FRACCIÓN	FRACTION	frakchen	54
FRÁGIL	FRAGILE	fráchail	54
FRAILECILLO	PUFFIN	páfin	116
FRAMBUESAS	RASPBERRY	ráspbri	121
FRASCO	FLASK	fláask	52
FRASE	SENTENCE	séntens	133
FRECUENTEMENTE	OFTEN	ófen	98
FREGAR	TO SCRUB	tu scrab	131
FREÍR	TO FRY	tu frái	55
FRENO	BRAKE	bréik	21
FRENO DE MANO	HAND BRAKE	jendbréik	64
FRENTE	FOREHEAD	fórid	53
FRESA	STRAWBERRY	stróubri	147
FRESCO	FRESH	fresh	54
FRÍO	COLD	cóuld	31
FRÍO, ÍA	COOL	cúul	34
FRONTERA	BORDER	bóode	20
FRUNCIR EL CEÑO	TO FROWN	tu fráun	55
FRUTA	FRUIT	frúut	55
FRUTAS Y VERDURAS	PRODUCE	pródiuus	115
FUEGO	FIRE	fáie	51
FUENTE	FOUNTAIN	fauntein	54
FUENTE	PAN	pan	102

Español	Inglés	Pronunciación	Pág.
FUERTE	FORT	fóot	54
FUERTE	STRONG	stróng	147
FUMAR	TO SMOKE	tu smóuk	140
FUNDA	SHEATH	shíiz	134
FUNERAL	FUNERAL	fiúnerel	55
FUSIBLE	FUSE	fiús	55
FUTBOL	SOCCER	sóque	140

G

Español	Inglés	Pronunciación	Pág.
GALERÍA DE ARTE	GALLERY	gáleri	56
GALLETA	BISCUIT	bískit	17
GALLETA	COOKIE	cúqui	34
GALLETA SALADA	CRACKER	cráque	35
GALLINA	HEN	jen	67
GALOPE	GALLOP	guélep	56
GAMBA	SHRIMP	shrimp	136
GANADO	CATTLE	cátel	28
GANAR	TO EARN	tu éen	44
GANAR	TO WIN	tu uín	170
GANCHO	CROOK	cruk	36
GANGA, NEGOCIO	BARGAIN	báaguen	13
GANSA	GOOSE	gúus	59
GANSO	GANDER	gánde	56
GARGANTA	THROAT	zroút	154
GARZA	CRANE	crein	35
GAS	GAS	gás	56
GASOLINA	GAS	gás	56
GASOLINERA	GAS STATION	gás steichen	57
GASOLINERA	GAS STATION	gás steichen	144
GASTAR	TO SPEND	tu spénd	142
GASTAR	TO USE UP	tu iús ap	163
GATEAR	TO CRAWL	tu cróol	36
GATILLO	TRIGGER	trígue	158
GATITO	KITTEN	quíten	77
GATO	CAT	cat	27
GAVIOTA	GULL	gal	63
GAVIOTA	SEAGULL	síigal	131
GEMA	GEM	yem	57
GEMELOS	TWINS	tuíns	160
GENERAL	GENERAL	yénerel	57
GENEROSO	GENEROUS	yéneres	57
GENTE	PEOPLE	píipel	106
GENTIL	GRACIOUS	gréiches	60
GENTÍO	CROWD	craud	37
GENUINO	GENUINE	yéniuin	57
GEOGRAFÍA	GEOGRAPHY	yiógrefi	57
GERANIO	GENARIUM	yiréniem	57

187

ESPAÑOL	INGLÉS	PRONUNCIACIÓN	PÁG.
GERBO	GERBIL	yéebil	57
GERMEN	GERM	yéem	57
GIGANTE	GIANT	yiáient	58
GIGANTESCO	GIGANTIC	yiaguéntic	58
GIMNASIA	GYM	yim	63
GIMOTEAR	TO WHINE	tu uáin	169
GIRAR	TO SPIN	tu spín	142
GIRAR	TO TURN	tu téen	159
GIRAR A LA IZQUIERDA	TO TURN LEFT	to turn left	81
GIRASOL	SUNFLOWER	sanfláue	148
GIRO RÁPIDO	TWIRL	tuéel	161
GITANO	GIPSY	yipsi	58
GLACIAR	GLACIER	glásie	58
GLOBO	BALLOON	balúun	12
GOBERNADOR	GOVERNOR	gávene	60
GOBERNANTE	RULER	rúule	127
GOBERNAR	TO GOVERN	tu gáven	59
GOBIERNO	GOVERNMENT	gávenment	60
GOLF	GOLF	golf	59
GOLFO	GULF	gálf	63
GOLPE	BLOW	blou	19
GOLPE, ESTAMPIDO	BANG	bang	13
GOLPEAR	TO HIT	tu jit	69
GOLPEAR	TO KNOCK	tu nok	77
GOLPEAR	TO POUND	tu páund	113
GOLPEAR	TO STRIKE	tu stráik	147
GOLPEAR LA PUERTA	TO RAP	tu rap	121
GORDO	FAT	fát	49
GORILA	GORILLA	goríla	59
GORJEAR	GURGLE	guéeguel	63
GORJEO	TWITTER	tuíte	161
GORRA	CAP	cap	26
GORRIÓN	SPARROW	spárou	142
GOTA	BLOB	blob	18
GOTEAR	TO DRIP	tu drip	42
GOTEAR	TO LEAK	tu líik	80
GRABADORA	TAPE RECORDER	téip ricóode	151
GRADO	GRADE	greid	60
GRADUADO	GRADUATED	grachuéitid	60
GRÁFICO	CHART	cháat	29
GRÁFICO	GRAPH	gráaf	60
GRAMÁTICA	GRAMMAR	gráma	60
GRAMO	GRAM	gram	60
GRANADA	POMEGRANATE	pómgrenit	111
GRANDE	BIG	big	16
GRANDE	LARGE	láach	79
GRANITO	GRANITE	gránit	60
GRANIZO	HAIL	jeil	64
GRANJA	FARM	fáam	49

ESPAÑOL	INGLÉS	PRONUNCIACIÓN	PÁG.
GRANJERO	FARMER	fáme	49
GRANO	KERNEL	quéenel	76
GRASA	GREASE	gríis	61
GRAVA	GRAVEL	grável	61
GRAVEDAD	GRAVITY	gráviti	61
GRAZNAR	QUACK	cuák	118
GRIETA	CRACK	crac	35
GRILLO	CRICKET	críquet	36
GRIPE	FLU	flu	52
GRITAR	TO SHOUT	tu sháut	135
GRITAR	TO YELL	tu iél	173
GROSELLA	CURRANT	cárent	38
GROSELLA SILVESTRE	GOOSEBERRY	gúusberi	59
GROSERO	COARSE	cóos	31
GROSERO	RUDE	rúud	127
GRÚA	CRANE	crein	36
GRUESO	GROSS	gros	62
GRUÑIR	TO GROWL	tu grául	62
GRUPO	GROUP	grup	62
GUANTES	GLOVES	glavs	59
GUARDABARROS	FENDER	fénde	50
GUARDAR	TO PUT AWAY	tu put euéi	117
GUARIDA	LAIR	lea	78
GUERRA	WAR	úoo	166
GUERRERO	WARRIOR	uórie	167
GUÍA	GUIDEBOOK	gaidbuk	62
GUIJARRO	PEBBLE	pébel	105
GUIÑAR	TO WINK	tu uínk	171
GUIÓN	SCENARIO	senáariou	130
GUISANTE	PEA	píi	104
GUITARRA	GUITAR	guitá	63
GUSANO	MAGGOT	máguet	86
GUSANO	WORM	uóm	172
GUSANO DE SEDA	SILKWORM	silkuóm	136
GUSTAR	TO LIKE	tu láik	82

H

ESPAÑOL	INGLÉS	PRONUNCIACIÓN	PÁG.
HÁBIL	ABLE	eibol	7
HABITACIÓN	ROOM	rúum	126
HABITAR	TO INHABIT	tu injébit	72
HABLAR	TO SPEAK	tu spíik	142
HABLAR	TO TALK	tu tóok	150
HACER	TO DO	tu dúu	40
HACER	TO MAKE	tu méik	86
HACER CABRIOLAS	TO PRANCE	tu práans	113
HACER COLA	QUEUE	quiú	119

ESPAÑOL	INGLÉS	PRONUNCIACIÓN	PÁG.
HACER COSQUILLAS	TO TICKLE	tu tíquel	154
HACER DAÑO	TO HARM	tu jáam	65
HACER EJERCICIO	TO EXERCISE	tu éxersais	47
HACER EJERCICIO	TO WORK OUT	tu uéekaut	172
HACER ENTREGA	TO PRESENT	tu prisént	113
HACER GÁRGARAS	TO GARGLE	tu gáaguel	56
HACER PEDAZOS	TO SMASH	tu smásh	139
HACER PUCHEROS	TO POUT	tu páut	113
HACER SEÑAS	TO WAVE	tu uéif	168
HACER UN BORRÓN	TO SMEAR	tu smíe	139
HACER UNA PAUSA	TO PAUSE	tu póos	104
HACERSE AÑICOS	TO SHATTER	tu sháte	134
HACHA	AXE	ax	11
HACHUELA	HATCHET	jáchit	66
HADA	FAIRY	féiri	48
HALCÓN	HAWK	jóok	66
HAMACA	HAMMOCK	jámek	64
HAMBRIENTO	HUNGRY	jángri	121
HAMSTER	HAMSTER	jámste	64
HANGAR	HANGAR	jénga	65
HARAPIENTO	SHABBY	shábi	133
HARINA	FLOUR	fláuer	52
HARMÓNICA	HARMONICA	jaamónique	65
HARPA	HARP	jáap	66
HASTA MAÑANA	TILL TOMORROW	til tumórou	155
HAYA	BEECH	bíich	14
HEBILLA	BELT BUCKLE	belt báquel	23
HEDIONDO	SMELLY	sméli	140
HELADO	ICECREAM	áiscriim	71
HELECHO	FERN	fern	50
HÉLICE	PROPELLER	prepéle	115
HELICÓPTERO	HELICOPTER	jélicopte	67
HEMBRA	FEMALE	fiméil	49
HEMISFERIO	HEMISPHERE	jémisfie	67
HENO	HAY	jei	66
HEPTÁGONO	HEPTAGON	jépteguen	68
HERIDA	INJURY	íncheri	72
HERIDA	WOUND	uáund	172
HERMANA	SISTER	síster	137
HERMANASTRO	HALFBROTHER	jáafbróde	64
HERMANO	BROTHER	bróder	22
HERMOSA	BEAUTIFUL	biútiful	14
HERMOSURA	GORGEOUS	góoches	59
HÉROE	HERO	jírou	68
HEROÍNA	HEROINE	jíroin	68
HERPES	SHINGLES	shínguels	134
HERRAMIENTAS	TOOLS	túuls	156
HERRERO	BLACKSMITH	bláksmiz	17
HERVIDOR	KETTLE	quétel	76

ESPAÑOL	INGLÉS	PRONUNCIACIÓN	PÁG.
HERVIR	TO BOIL	tu bóil	19
HEXÁGONO	HEXAGON	jéxeguen	68
HIBERNAR	TO HIBERNATE	tu jáibeneit	68
HIEDRA	IVY	áivi	73
HIELO	ICE	áis	71
HIERBAS	HERBS	jerbs	68
HIJA	DAUGHTER	dóote	39
HIJO	SON	san	141
HILACHO, PELUSA	LINT	lint	83
HILO	THREAD	zréd	153
HINCHADO	BLOATED	bloutid	18
HIPO	HICCUP	jícap	68
HIPÓCRITA	TWOFACES	túufaisis	161
HIPOPÓTAMO	HIPPOPOTAMUS	jipepótemes	69
HISTORIA	HISTORY	jístri	69
HOCKEY	HOCKEY	jóqui	69
HOGAR	HOME	joum	70
HOGAZA DE PAN	LOAF	louf	84
HOGUERA	BONFIRE	bónfaie	19
HOGUERA	PYRE	páie	117
HOJA	LEAF	líif	80
HOJA DE ESPADA	BLADE	bleid	17
HOLA	HELLO	jélou	67
HOLGADO	LOOSE	lúus	85
HOLGAZÁN	LAZY	léisi	80
HOLGAZANEAR	TO LOUNGE	tu láunch	85
HOMBRE	MAN	máan	86
HOMBRO	SHOULDER	shóulde	135
HONGO	MUSHROOM	máshrum	93
HONRADO	HONEST	ónist	70
HORADAR	TO BORE	tu bóo	20
HORIZONTE	HORIZON	jeráisen	70
HORMIGA	ANT	ant	9
HORMIGÓN	CONCRETE	cóncrit	33
HORNO	KILN	quiln	76
HORNO	OVEN	óuven	100
HORNO MICROONDAS	MICROWAVE OVEN	máicreueif óuven	89
HORQUILLA	PITCHFORK	píchfook	108
HORRIBLE	AWFUL	ófel	11
HOY	TODAY	tudéi	155
HUECO	HOLLOW	jólou	69
HUECO	GAP	gap	56
HUELGA	STRIKE	stráik	147
HUELLA DIGITAL	FINGER PRINT	fíngue print	50
HUÉRFANO	ORPHAN	óofen	100
HUERTO	ORCHARD	óoched	99
HUESO	BONE	boún	19
HUÉSPED	GUEST	guest	62
HUEVO	EGG	ég	45

ESPAÑOL	INGLÉS	PRONUNCIACIÓN	PÁG.
HUEVO CRUDO	RAW EGG	róo eg	121
HUIR	TO FLEE	tu flíi	52
HUIR	TO RUN AWAY	tu raneuéi	127
HUMEDAD	MUSTY	másti	94
HÚMEDO	DAMP	demp	39
HUMOR	MOOD	múud	92
HUNDIRSE	TO SINK	tu sink	137

I

ICEBERG	ICEBERG	áisberg	71
IDEA	IDEA	aidía	71
IDÉNTICO	IDENTICAL	aidéntiquel	71
IDIOMA	LANGUAGE	lánuich	79
IDIOTA	IDIOT	ídiot	71
IGLÚ	IGLOO	iglúu	71
IGUAL	SAME	séim	128
IGUAL	EQUAL	ícual	46
ILUSTRACIÓN	ILLUSTRATION	ilestréichen	71
IMÁN	MAGNET	mégnet	86
IMPÁVIDO	UNDAUNTED	andóontid	162
IMPERMEABLE	RAINCOAT	réincout	120
IMPERMEABLE	WATERPROOF	uótepruuf	167
IMPORTANTE	IMPORTANT	impóotent	71
IMPORTUNAR	TO PESTER	tu péste	106
IMPRIMIR	PRINT	print	114
INACEPTABLE	UNACCEPTABLE	anacséptebol	162
INCENDIO	BLAZE	bleis	18
INCIENSO	INCENSE	ínsens	71
INCLINADO	SLANTED	slántid	138
INCLINAR	TO LEAN	tu líin	80

INCULTO	PEASANT	pésent	105
INDEFENSO	HELPLESS	jélplis	67
INDICAR	TO SIGNAL	tu sígnel	136
ÍNDICE	INDEX	índex	72
INDUMENTARIA	OUTFIT	áutfit	100
INFECCIÓN	INFECTION	infékchen	72
INFECCIOSO	INFECTIOUS	infékches	72
INFIERNO	HELL	jel	67
INGENUO	GUILELESS	gáiles	62
INICIALES	INITIALS	iníchels	72
INMUNDO	FILTHY	filci	50
INSCRIBIRSE	TO REGISTER	tu reyíste	123
INSECTO	INSECT	ínsect	72
INSISTIR	TO INSIST	tu insíst	72
INSPECCIONAR	TO INSPECT	tu inspéct	72
INSPECTOR	INSPECTOR	inspécte	72
INSTITUTO	HIGH SCHOOL	jáiscuul	68

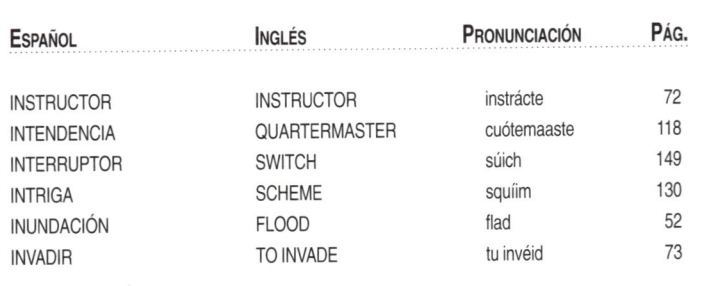

ESPAÑOL	INGLÉS	PRONUNCIACIÓN	PÁG.
INSTRUCTOR	INSTRUCTOR	instrácte	72
INTENDENCIA	QUARTERMASTER	cuótemaaste	118
INTERRUPTOR	SWITCH	súich	149
INTRIGA	SCHEME	squíim	130
INUNDACIÓN	FLOOD	flad	52
INVADIR	TO INVADE	tu invéid	73

INVÁLIDO	INVALID	inválid	73
INVASIÓN	RAID	reid	120
INVENTAR	TO INVENT	tu invént	73
INVERNADERO	GREENHOUSE	gríinjaus	61
INVICTO	UNDEFEATED	andifíitid	162
INVIERNO	WINTER	uínte	171
INVISIBLE	INVISIBLE	invísebel	73
INVITACIÓN	INVITATION	invitéichen	73
INVITAR	TO INVITE	tu inváit	73
INYECCIÓN	INJECTION	inyékchen	72
IR	TO GO	tu góu	59
IR A LA DERIVA	TO DRIFT	tu drift	42
IRSE	TO LEAVE	tu líiv	80
ISLA	ISLAND	áilend	73

J

JABALÍ	BOAR	bóo	19
JABÓN	SOAP	sóup	140
JACTARSE	TO BOAST	tu bóust	19
JADEAR	TO PANT	tu pant	102
JALEA	JELLY	yéli	74
JARABE	SYRUP	sírep	149
JARDÍN	GARDEN	gádn	56
JARRO	JAR	yáa	74
JARRÓN	VASE	váas	164
JAULA	CAGE	queich	25
JEFE	BOSS	bos	20
JEFE DE EQUIPO	LEADER	líide	80
JENGIBRE	GINGER	yínye	58
JIRAFA	GIRAFFE	yeráaf	58
JOCKEY	JOCKEY	yóqui	75
JOVEN	YOUNG	ián	173
JOYA	JEWEL	yiúel	74
JUDÍA VERDE	GREEN BEAN	griin bíin	61
JUEGO	GAME	guéim	56
JUEGO DE CARTAS	PLAYING CARDS	pléiincaads	110
JUEGO DE PALABRAS	PUN	pan	116
JUEVES	THURSDAY	céesdei	154
JUEZ	JUDGE	yiách	75
JUGAR	TO PLAY	tu pléi	110
JUGUETES	TOYS	tóis	157

ESPAÑOL	INGLÉS	PRONUNCIACIÓN	PÁG.
JUICIO	TRIAL	tráiel	158
JULIO	JULY	yulái	75
JUNCO	JUNK	chank	75
JUNIO	JUNE	yiún	75
JUNTAR, PEGAR	TO PIECE	tu píis	107
JUNTOS	TOGETHER	tuguéde	155

K

ESPAÑOL	INGLÉS	PRONUNCIACIÓN	PÁG.
KILOGRAMO	KILOGRAM	quílegrem	76
KILÓMETRO	KILOMETER	quilómite	76
KIWI	KIWI	quíui	77
KOALA	KOALA BEAR	couále bea	77

L

ESPAÑOL	INGLÉS	PRONUNCIACIÓN	PÁG.
LA MITAD	HALF	jáaf	64
LA TARDE	AFTERNOON	áftenun	8
LABERINTO	MAZE	meis	88
LABIOS	LIPS	lips	83
LABORATORIO	LABORATORY	lebóretri	78
LADEAR	TO TILT	tu tilt	155
LADERA	SLOPE	slóup	139
LADRILLO	BRICK	brik	21
LADRÓN	BURGLAR	béegle	24
LADRÓN	ROBBER	róbe	125
LADRÓN	THIEF	cíif	153
LAGARTIJA	LIZARD	lísed	84
LAGO	LAKE	léik	78
LÁGRIMAS	TEARS	tíes	152
LAMENTAR	TO REGRET	tu rigrét	123
LAMER	TO LICK	tu lik	82
LÁMPARA	LAMP	lámp	78
LANA	WOOL	úul	172
LANCHA	LAUNCH	lóonch	79
LANGOSTA	LOBSTER	lóbste	84
LANGOSTA (INSECTO)	LOCUST	lóuquest	84
LANGOSTINO	CRAYFISH	creifish	36
LANUDO	FURRY	féri	55
LANZA	LANCE	láans	78
LANZA	SPEAR	spéa	142
LANZAR	TO LAUNCH	tu lóonch	79
LANZAR	TO PITCH	tu pich	108
LANZAR	TO THROW	tu zróu	154
LÁPICES DE COLORES	CRAYONS	créien	36
LÁPIZ	PENCIL	pensel	106
LÁPIZ DE LABIOS	LIPSTICK	lípstik	83

ESPAÑOL	INGLÉS	PRONUNCIACIÓN	PÁG.
LARGO	LONG	long	84
LASTIMOSO	PITEOUS	píties	109
LATA, BOTE, TARRO	CAN	can	25
LATIDO	BEAT	bíit	14
LÁTIGO	WHIP	uíp	169
LAVABO	BASIN	béisen	13
LAVABO	SINK	sink	137
LAVABO	WASHROOM	uóshrum	167
LAVADORA	WASHING MACHINE	uóschin machín	167
LAVANDA	LAVENDER	lávende	80
LAVANDERÍA	LAUNDRY	lóondri	80
LAVAR	TO WASH	tu uásh	167
LAVAR Y PLANCHAR	LAUNDER	lóonde	79
LAZO	LOOP	lúup	84
LECCIÓN	LESSON	lésen	81
LECHE	MILK	milk	90
LECHUGA	LETTUCE	létis	81
LEER	TO READ	tu ríid	121
LEGÍTIMO	RIGHTFUL	ráitfel	124
LEJOS	AWAY	euéi	11
LEJOS	FAR AWAY	fáreuei	49
LENGUA	TONGUE	tan	156
LENGUADO	SOLE	sóul	141
LENGUAJE	PARLANCE	páalens	103
LENTE, CRISTAL	LENS	lens	81
LENTES	EYEGLASSES	aiglásis	47
LENTES PROTECTORAS	GOGGLES	góguels	59
LEÑA	WOOD	úud	171
LEÓN	LION	láien	83
LEOPARDO	LEOPARD	léped	81
LEOTARDO	LEOTARD	líietaad	81
LETRA	LETTER	léte	81
LETRA MAYÚSCULA	CAPITAL LETTER	quépitel lete	26
LEVANTAR	TO LIFT	tu lift	82
LEVANTAR	TO CLEAR	tu clía	30
LEVANTAR	TO HEAVE	tu jíiv	67
LEVANTAR	TO PICK UP	tu pícap	107
LEVANTAR CON PALANCA	PRISE	prais	114
LEVANTARSE	TO GET UP	tu guétap	57
LEY	LAW	lóo	80
LEYENDA	LEGEND	léyend	81
LIBÉLULA	DRAGONFLY	dréguenflai	41
LIBERAR	TO RELEASE	tu rilíis	123
LIBRA	POUND	páund	112
LIBRE	FREE	fríi	54
LIBRERÍA	BOOKSHOP	buk shop	20
LIBRO	BOOK	buk	19
LICUADORA	BLENDER	blende	18
LIEBRE	HARE	jea	65

ESPAÑOL	INGLÉS	PRONUNCIACIÓN	PÁG.
LIGA	GARTER	gáate	56
LILA	LILAC	láilec	82
LIMA	LIME	láim	83
LIMAR	TO FILE	tu fáil	50
LÍMITE	LIMIT	límit	83
LIMÓN	LEMON	lémon	81
LIMONADA	LEMONADE	lémeneid	81
LIMPIA	CLEAN	clíin	30
LIMPIADOR EN SECO	DRY CLEANER	drai clíne	43
LIMPIAR	TO WIPE	tu uáip	171
LINDA	CUTE	quiút	38
LÍNEA RECTA	LINE	lain	83
LÍNEAS PARALELAS	PARALEL LINES	párerel lains	102
LINTERNA	FLASHLIGHT	flashlait	52
LIQUIDACIÓN	SALE	séil	128
LÍQUIDO	LIQUID	lícuid	83
LIRIO	IRIS	áiris	73
LISO	FLAT	flat	52
LISTA	LIST	list	83
LISTA, HORARIO	SCHEDULE	squéchel	130
LISTO	SMART	smáat	139
LISTO PARA	READY	rédi	121
LITRO	LITER	líite	83
LLAGA	ULCER	álse	162
LLAMA	FLAME	fleim	51
LLAMAR	TO CALL	tu cóol	25
LLANO	PLAIN	plein	109
LLANTA	TYRE	táie	155
LLAVE	FAUCET	fósit	49
LLAVE	TAP	tap	151
LLAVE	KEY	quíi	76
LLAVE DE CONTACTO	IGNITION KEY	ignéschen quíi	71
LLEGAR A LA CITA	SHOWED UP	shóudap	135
LLEGAR TARDE	TO LATE	tu léit	79
LLENAR	TO FILL	tu fil	50
LLENAR	TO FILL UP	tu fílap	50
LLENO	FULL	ful	55
LLEVAR	TO LEAD	tu líid	80
LLEVAR EL PESO	TO BRUNT	tu bránt	23
LLEVAR PUESTO	TO WEAR	tu uéa	168
LLEVAR UNA CARGA	TO CARRY	tu quéri	27
LLEVARSE	TO TAKE AWAY	tu téik euéi	150
LLORAR	TO CRY	tu crái	37
LLORAR	TO WAIL	tu uéil	166
LLORAR	TO WEEP	tu uíip	168
LLOVIZNA	DRIZZLE	drísel	42
LLUVIA	RAIN	réin	120
LLUVIOSO	RAINY	réini	120
LO PASÉ A DEJAR	DROP OFF	drópof	43

ESPAÑOL	INGLÉS	PRONUNCIACIÓN	PÁG.
LOBO	WOLF	uolf	171
LOCIÓN	LOTION	lóuchen	85
LOCOMOTORA	LOCOMOTIVE	lóucomoutif	84
LORO	PARROT	páret	103
LUCES DE BENGALA	FLARE	flea	52
LUCHAR	TO WRESTLE	tu résel	172
LUGAR	PLACE	pleis	109
LUIS LE INVITA	LOUIS INVITING	lúis inváitin	73
LUGAR DE NACIMIENTO	BIRTHPLACE	béezpleis	17
LUJOSO	PLUSH	plash	110
LUNA	MOON	múun	92
LUNAR	MOLE	moul	91
LUNES	MONDAY	móndei	91
LUPA	MAGNIFYING GLASS	mégnifaiinglaas	86
LUSTRAR	TO POLISH	tu pólish	111
LUZ	LIGHT	láit	82

M

ESPAÑOL	INGLÉS	PRONUNCIACIÓN	PÁG.
MACHO	MALE	méil	86
MADERA	LUMBER	lámbe	85
MADRE	MOTHER	máde	92
MADRIGUERA	WARREN	uóoren	167
MADURA	RIPE	ráip	125
MAGIA	MAGIC	máyic	86
MAGNATE	TYCOON	taicúun	161
MAGNÍFICO	GREAT	greit	61
MAGNÍFICO	MAGNIFICENT	megnífisent	86
MAGO	MAGICIAN	méyishen	86
MAGO	WIZARD	uísed	171
MAGULLADURA	BRUISE	brúus	22
MAÍZ	CORN	cóon	34
MAL GENIO	BAD MOOD	bád múud	92
MAL HUMOR	BAD TEMPER	bad témpe	152
MAL SUJETADO	TO HOLD DOWN	tu jóuld dáun	69
MALABARISTA	JUGGLAR	yágla	75
MALETA	SUITCASE	siutquéis	148
MALETÍN	BRIEFCASE	brífqueis	22
MALEZA	BRUSHWOOD	bráschuud	23
MALEZA	WEED	uíid	168
MALO	BAD	báad	12
MALO	MEAN	míin	88
MALVADO	WICKED	uíquid	170
MANANTIAL	SPRING	sprín	143
MANAR	GUSH	gash	63
MANCHA	BLOT	blot	19
MANCHA	SPOT	spót	143
MANCHA	STAIN	stéin	144
MANCHAR	BLACKEN	bláquen	17
MANDARÍN	MANDARIN	mánderin	86
MANDARINA	TANGERINE	tancheríin	151
MANDÍBULA	JAW	yóo	74
MANDOLINA	MANDOLIN	mándelin	86
MANGA	SLEEVE	slíiv	139
MANGO	MANGO	méngou	86
MANIQUÍ	FORM	fóom	54
MANO	HAND	jend	64
MANOJO	BUNCH	banch	24

Español	Inglés	Pronunciación	Pág.
MANOPLAS	MITTENS	míten	91
MANSO	TAME	téim	151
MANTA	BLANKET	blánket	18
MANTECA	LARD	láad	79
MANTEL	TABLECLOTH	téiblklouz	150
MANTEQUILLA	BUTTER	báter	24
MANZANA	APPLE	ápl	9
MAÑANA	MORNING	móonin	92
MAPA	MAP	map	87
MAPACHE	RACCOON	recúun	120
MAQUILLAJE	MAKEUP	méicap	86
MÁQUINA DE AFEITAR	RAZOR	réise	121
MÁQUINA DE COSER	SEWING MACHINE	sóuin machín	133
MÁQUINA DE ESCRIBIR	TYPEWRITER	táip ráite	160
MÁQUINA FOTOGRÁFICA	CAMERA	cámere	25
MAQUINISTA	ENGINEER	énchinie	46
MAR	SEA	síi	131
MARAVILLOSO	WONDERFUL	uándefel	171
MARCAR	TO MARK	tu máak	87
MARCHA ATRÁS	REVERSE	rivées	124
MARCHAR	TO MARCH	tu máach	87
MARCHITAR	TO WILT	tu uílt	170
MARCO	FRAME	freim	54
MAREADO	DIZZY	dísi	40
MAREADO	QUEASY	cuísi	119
MARFIL	IVORY	áivori	73
MARGARITA	DAISY	déisi	39
MARINERO	SAILOR	séile	128
MARIPOSA	BUTTERFLY	báterflai	24
MARIQUITA	LADYBIRD	léidibed	78
MÁRMOL	MARBLE	máabel	87
MARMOTA	GROUNDHOG	gráunjog	62
MARRÓN	BROWN	bráun	22
MARTES	TUESDAY	tiúsdei	159
MARTILLEAR	TO HAMMER	tu jáme	64
MARTILLO	HAMMER	jáme	64
MARTÍN PESCADOR	KINGFISHER	quínfishe	77
MARZO	MARCH	máach	87
MÁS	PLUS	plas	110
MÁS ALLÁ	BEYOND	biónd	16
MÁS VENDIDO	BEST-SELLER	best séle	16
MASA	DOUGH	dóu	41
MASA	MASS	máas	87
MASCAR	MUNCH	manch	93
MÁSCARA	MASK	máask	87
MASCOTA	PET	pet	106
MASILLA	PUTTY	páti	117
MÁSTIL	MAST	máast	87
MATAR	TO KILL	tu quil	76

Español	Inglés	Pronunciación	Pág.
MATEMÁTICAS	MATHEMATICS	macemátics	88
MATÓN	BULLY	buli	24
MATRÍCULA	LICENCE PLATE	láisens pléit	82
MAYO	MAY	méi	88
MAZA	CLUB	clab	30
MAZO	MALLET	mélit	86
ME ABROCHO	I FASTEN	ai fasen	49
ME PERTENECE	IT BELONGS TO ME	it bilóns tu mi	15
ME SIENTO	I FEEL	ai fil	49
ME SIENTO BIEN	I FEEL WELL	ai fíil uel	169
MECÁNICO	MECHANIC	mecánic	88
MECANÓGRAFA	TYPIST	táipist	161
MECANOGRAFÍA	TYPING	táipin	161
MECEDORA	ROCKING CHAIR	róquin chea	126
MECHA	WICK	uík	170
MEDALLA	MEDAL	médel	88
MEDIANO	MEDIUM	míidiem	88
MEDIANOCHE	MIDNIGHT	mídnait	90
MEDIAS	STOCKINGS	stóquins	146
MEDIDOR	METER	míite	89
MEDIO	MIDDLE	mídel	90
MEDIODÍA	MIDDAY	mídei	90
MEDIODÍA	NOON	núun	97
MEDIR	TO MEASURE	tu méshe	88
MEGÁFONO	BULLHORN	búljoon	23
MEJILLÓN	MUSSEL	másel	93
MEJOR	BEST	best	15
MEJOR QUE	BETTER	béte	16
MELLADO	JAGGED	yéguid	74
MELOCOTÓN	NECTARINE	nékteriin	96
MELOCOTÓN	PEACH	pich	105
MELÓN	CANTALOUPE	cánteloup	26
MELÓN	HONEYDEW	jónidiu	70
MELÓN	MELON	mélon	89
MEMBRILLO	QUINCE	cuíns	119
MENDIGAR	BEG	beg	14
MENOS	LESS	les	81
MENOS	MINUS	máines	90
MENSAJE	MESSAGE	mésich	89
MENSAJERO	MESSENGER	mésenye	89
MENTA	MINT	mint	90
MENTA	PEPPERMINT	pépemint	106
MENTE	MIND	maind	90
MENTIR	TO LIE	tu lái	82
MENÚ	MENU	méniu	89
MERCADO	MARKET	máakit	87
MERIENDA CAMPESTRE	PICNIC	pícnic	107
MERMELADA	JAM	yam	74
MESA	TABLE	téibl	150

193

ESPAÑOL	INGLÉS	PRONUNCIACIÓN	PÁG.
MESES	MONTHS	manzs	92
MESETA	PLATEAU	plátou	110
METAL	METAL	métel	89
METEORITO	METEORITE	míitierait	89
METERSE	TO GET IN	tu guétin	57
MÉTODO	METHOD	méced	89
METRO	METER	míite	89
METRÓNOMO	METRONOME	métreneum	89
MEZCLA	BLEND	blend	18
MEZCLAR	TO MIX	tu mix	91
MI LIBRO	MY BOOK	mai buk	94
MICRÓFONO	MICROPHONE	máicrefeun	89
MICROSCOPIO	MICROSCOPE	máicrescoup	89
MIEDO	FEAR	fía	49
MIEDO	SCARY	squéari	130
MIEL	HONEY	jóni	70
MIEMBROS	MEMBERS	mémbes	89
MIÉRCOLES	WEDNESDAY	uénsdei	168
MIGAJAS	CRUMB	cram	37
MILAGRO	MIRACLE	mírequel	90
MILLA	MILE	mail	90
MINA	MINE	main	90
MINERALES	MINERALS	mínerels	90
MINERO	MINER	máine	90
MINUTO	MINUTE	mínit	90
MIOPÍA	MYOPIA	maióupie	94
MIRAR	TO LOOK	tu luk	84
MIRAR	TO WATCH	tu uóch	167
MIRAR FIJO	TO STARE	tu stéa	144
MIRILLA	PEEP-HOLE	píipjoul	105
MIRLO	BLACKBIRD	blák béed	17
MISIL	MISSILE	mísail	91
MISTERIO	MYSTIQUE	mistíc	94
MISTERIO	RIDDLE	rídel	124
MISTERIOSO	MYSTERIOUS	mistíeries	94
MÍSTICO	MYSTIC	místic	94
MITO	MYTH	miz	94
MITOLOGÍA	MYTHOLOGY	mizóloyi	94
MODALES	MANNERS	máne	87
MODERNO	MODERN	móden	91
MÓDICO, RAZONABLE	REASONABLE	rísenebel	122
MOJADO	MOIST	móist	91
MOJADO	WET	uét	169
MOJAR	TO WET	tu uét	169
MOLDE	MOULD	mould	92
MOLER	TO MASH	tu mash	87
MOLESTIA, PROBLEMA	BOTHER	bóde	20
MOLINO	MILL	mil	90
MOLINO	WINDMILL	uíndmil	170

ESPAÑOL	INGLÉS	PRONUNCIACIÓN	PÁG.
MOMENTO	MOMENT	móument	91
MONEDA	COIN	cóin	31
MONO	MONKEY	mónki	91
MONO DE TRABAJO	JUMPER	yámpa	75
MONOPATÍN	SKATEBOARD	squéitbood	137
MONSTRUO	MONSTER	mónste	91
MONTAÑA	MOUNTAIN	máunten	92
MONTAR	TO MOUNT	tu máunt	92
MONTAR, CABALGAR	TO RIDE A HORSE	tu ráide a jóos	124
MONTÍCULO	MOUND	maund	92
MONTÓN	PILE	pail	108
MONTURA	SADDLE	sádel	128
MONUMENTO	MONUMENT	móniument	92
MORA	BLACKBERRY	blákberi	17
MORADO	PURPLE	péepel	117
MORDER	TO BITE	tu báit	17
MORDISCO	BITE	báit	17
MORDISQUEAR	TO NIBBLE	tu níbel	96
MORENA	BRUNETTE	brunet	22
MORSA	WALRUS	uóolres	166
MORTAL	FATAL	feitel	49
MORTERO	MORTAR	móote	92
MOSAICO	MOSAIC	móuseik	92
MOSCA	FLY	flai	53
MOSQUETERO	MUSKETEER	másquitie	93
MOSQUITO	MOSQUITO	moskítou	92
MOSTAZA	MUSTARD	másted	94
MOSTRADOR	COUNTER	caunte	35
MOSTRAR, ENSEÑAR	TO SHOW	tu shóu	135
MOTÍN	RIOT	ráiet	125
MOTOCICLETA	MOTORCYCLE	móutesáiquel	92
MOTOCICLETA	SCOOTER	scúute	131
MOTOR	ENGINE	énchin	46
MOTOR	MOTOR	móte	92
MOTOR A REACCIÓN	JET ENGINE	yetényin	74
MOTOSIERRA	CHAINSAW	chéinso	29
MOVIMIENTO	MOVEMENT	múufmen	93
MOZO DE CUADRA	GROOM	grúum	61
MOZO DE CUERDA	PORTER	póote	112
MUCHEDUMBRE	MULTITUDE	máltitiud	94
MUCHO	MUCH	mach	93
MUCHOS	MANY	méni	87
MUDO	MUTE	miut	94
MUEBLES	FURNITURE	féniche	55
MUELLE	DOCK	doc	41
MUELLE	PIER	píe	107
MUELLE	QUAY	quíi	119
MUELLE	SPRING	sprín	143
MUELLE	WHARF	uóof	169

Español	Inglés	Pronunciación	Pág.		Español	Inglés	Pronunciación	Pág.
MUÉRDAGO	MISTLETOE	míseltou	91		NERVIO	NERVE	néef	96
MUERTO	DEAD	ded	39		NERVIOSO	NERVOUS	néeves	96
MUGRIENTO	SLOB	slób	139		NEUMÁTICO	TYRE	táie	161
MUJER	WOMAN	úman	171		NEVERA	FRIDGE	frich	54
MUJER POLICÍA	POLICEWOMAN	políisuuman	111		NEVERA	REFRIGERATOR	rifríchereite	123
MULETA	CRUTCH	crach	37		NIDO	NEST	nest	96
MULTA	FINE	fain	50		NIEBLA	MIST	mist	91
MULTIPLICAR	TO MULTIPLY	tu máltiplai	93		NIETO	GRANDCHILD	gránchaild	60
MUNDO	WORLD	uéld	172		NIEVE	SNOW	snóu	140
MUÑECA	DOLL	dol	41		NIEVE (TEMPESTAD)	BLIZZARD	blísed	18
MUÑECA	WRIST	rist	172		NINGUNO	NEITHER	níide	96
MURCIÉLAGO	BAT	bat	13		NIÑA	GIRL	guéel	58
MURO	WALL	uól	166		NÍQUEL	NICKEL	níquel	97
MÚSCULO	MUSCLE	másel	93		NIVEL	LEVEL	lével	81
MUSEO	MUSEUM	miusíem	93		NO	NO	nóu	97
MUSGO	MOSS	mos	92		NO AGRADAR	TO DISLIKE	tu disláik	40
MÚSICA	MUSIC	miusic	93		NO HACER NI CASO	BRUSH OFF	brasch of	23
MÚSICO	MUSICIAN	miusíschen	93		NO QUEDA NI GOTA	IT REMAINS NOTHING	it rimeins nocin	42
MUSLO	THIGH	zái	153		NO TIENE PRECIO	PRICELESS	práislis	113
MUSULMÁN	MUSLIM	máslim	94		NO VEO NADA	I CANNOT SEE	ai quenet síi	26
MUTUO	MUTUAL	míuchuel	94		NOBLE	NOBLE	nóubel	97
MUY TÍPICO	VERY TYPICAL	véri típicol	164		NOCHE	NIGHT	náit	97
					NOMBRE	NAME	néim	95
					NORTE	NORTH	nóoz	97
					NOTA	MARK	máak	87
					NOTICIAS	NEWS	niúus	96

N

Español	Inglés	Pronunciación	Pág.		Español	Inglés	Pronunciación	Pág.
NABO	TURNIP	ténip	160		NOVENO	NINTH	náinz	97
NACER	BORN	bóon	20		NOVIA	BRIDE	braid	21
NACIMIENTO	BIRTH	béez	17		NOVIO	BRIDEGROOM	braidgrum	22
NACIÓN	NATION	néishen	95		NOVIO	GROOM	grúum	61
NADAR	TO SWIM	tu suím	149		NUBE	CLOUD	claud	30
NADAR ES FÁCIL	SWIMMING IS EASY	súimin is íisi	44		NUDILLO	KNUCKLE	náquel	77
					NUDO	KNOT	not	77
					NUECES	WALNUTS	uónets	166
					NUEVE	NINE	náin	97
					NUEVO	NEW	niú	96
					NÚMERO PAR	EVEN NUMBER	íven námbe	46
					NÚMERO UNO	NUMBER ONE	nambe uán	99
					NUNCA	NEVER	néve	96
					NUTRIA	OTTER	óte	100

O

Español	Inglés	Pronunciación	Pág.
O, U	OR	óo	100
OASIS	OASIS	ouéisis	98
OBSEQUIO, REGALO	PRESENT	présent	113
OBSERVAR	TO OBSERVE	tu obséerf	98
OBSTÁCULO	HANDICAP	jéndicap	65

Español	Inglés	Pronunciación	Pág.
NADIE	NOBODY	nóbadi	97
NAIPES, CARTAS	CARDS	cáads	27
NARANJA	ORANGE	órinch	99
NARCISO	DAFFODIL	défodil	39
NARIZ	NOSE	nóus	97
NATURAL	NATURAL	nácherel	95
NATURALEZA	NATURE	néiche	95
NAUFRAGIO	SHIPWRECK	ship rek	134
NAUFRAGIO	WRECK	rek	172
NAVE	SHIP	ship	134
NAVE ESPACIAL	SPACESHIP	spéis ship	141
NAVEGAR	TO NAVIGATE	tu návigueit	95
NEBLINA	FOG	fog	53
NECESARIO	NECESSARY	néseseri	95
NÉCTAR	NECTAR	nécte	95
NEGRO	BLACK	blak	17
NEÓN	NEON	níion	96

ESPAÑOL	INGLÉS	PRONUNCIACIÓN	PÁG.
OCÉANO	OCEAN	óuschen	98
OCHO	EIGHT	éit	45
OCIOSO	IDLE	áidel	71
OCTAVO	EIGHTH	éitz	45
OCTÓGONO	OCTAGON	óctegon	98
OCTUBRE	OCTOBER	octóube	98
OCULTO	HIDDEN	jíden	162
OESTE	WEST	uést	169
OFICIAL	OFFICER	ófise	98
OFICINA DE CORREOS	POST OFFICE	póust ófis	112
OFRECER	TO OFFER	tu ófe	98
OÍDO	EAR	ía	44
OÍR	TO HEAR	tu jíe	67
OJO	EYE	ai	47
OLA	WAVE	uéiv	167
OLA	RIPPLE	rípel	125
OLAS, NUBES	BILLOWS	bílous	16
OLER	TO SMELL	tu smel	139
OLLA	POT	pot	112
OLMO	ELM	elm	45
OLOR	ODOUR	óude	98
OLVIDAR	TO FORGET	tu foguét	53
ONDULADO	WAVY	uéivi	168
ONZA	OUNCE	auns	100
OPERACIÓN	OPERATION	operéichen	99
OPINIÓN	BELIEF	bilíif	15
ORDENAR	TO COMMAND	tu quemánd	32
ORÉGANO	OREGANO	oréganou	99
ÓRGANO	ORGAN	óoguen	99
ORGULLO	PRIDE	praid	114
ORILLA	SHORE	shea	135
ORO	GOLD	góuld	59
OROPÉNDOLA	ORIOLE	óorioul	100
ORQUESTA	ORCHESTRA	óoquistre	99
ORQUÍDEA	ORCHID	óoquid	99
ORTIGA	NETTLE	nétel	96
ORUGA	CATERPILLAR	quétepile	28
OSCURO	DARK	dáak	39
OSEZNO	CUB	cab	37

ESPAÑOL	INGLÉS	PRONUNCIACIÓN	PÁG.
OSO	BEAR	béa	14
OSO PANDA	PANDA	pánda	102
OSO POLAR	POLAR BEAR	póule bea	111
OSTRA	OYSTER	óiste	100
OTOÑO	AUTUMN	ótom	11
OTOÑO	FALL	fóol	48
OTRA VEZ	AGAIN	egéin	8
OTRO	ANOTHER	enáde	9
OVALADO	OVAL	óuvel	100
OVEJA	SHEEP	shíip	134
OXIDADO	RUST	rast	127
OXÍGENO	OXYGEN	óxiyen	100

P

PACER	TO BROWSE	tu bróus	22
PACIENTE	PATIENT	peichent	104
PADRE	FATHER	fáde	49
PADRES	PARENTS	péarents	102
PAGAR	TO PAY	tu péi	104
PÁGINA	PAGE	péich	101
PAÍS	COUNTRY	cántry	35
PAISAJE	SCENARY	síneri	130
PAJARITA	BOW TIE	bou tai	21
PÁJARO	BIRD	béed	17
PÁJARO CARPINTERO	WOODPECKER	úudpeque	171
PAJITA	STRAW	stróo	147
PALA	PADDLE	pádel	101
PALA	SCOOP	scúup	131
PALA	SPADE	spéid	141
PALABRA	WORD	uéd	172
PALACIO	PALACE	pálas	101
PALADEAR	TO TASTE	tu téist	151
PALANCA	LEVER	líive	81
PALETA	PALETTE	pálet	102
PALETA	TROWEL	tráuel	159
PÁLIDO	PALE	peil	101
PALMA	PALM	páam	102
PALMATORIA	CANDLESTICK	quéndelstic	26
PALO DE GALLINERO	ROOST	rúst	126
PALOMA	DOVE	dav	41
PALOMA	PIGEON	píchen	108
PAN	BREAD	bréd	21
PAN DE JENGIBRE	GINGERBREAD	yínyebred	58
PANADERÍA	BAKERY SHOP	béikeri	12
PANADERO	BAKER	béike	12
PANAL	HONEYCOMB	jónicoum	70
PANCARTA	PLACARD	pláqued	109

ESPAÑOL	INGLÉS	PRONUNCIACIÓN	PÁG.
PANDERETA	TAMBOURINE	tamberíin	151
PANDILLA	GANG	gueng	56
PANQUEQUE	PANCAKE	pánqueik	102
PANTALONES	PANTS	pants	102
PANTALONES	TROUSERS	tráuses	158
PANTALONES CORTOS	SHORTS	shóots	135
PANTALONES VAQUEROS	JEANS	yíins	74
PANTANO	MARSH	máash	87
PANTERA	PANTHER	pánce	102
PAÑUELO	HANDKERCHIEF	hénkechif	65
PAPAYA	PAPAYA	pepáie	102
PAPEL	PAPER	peípe	102
PAPERAS	MUMPS	mamps	93
PAQUETE	PACKAGE	páquich	101
PAQUETE	PARCEL	páasel	102
PARA LLEVAR	FOR TAKING OUT	fo teikin out	150
PARA, POR	FOR	fó	53
PARABRISAS	WINDSHIELD	uínshild	171
PARACAÍDAS	PARACHUTE	párechut	102
PARACHOQUES	BUMPERS	bámper	24
PARADA	STOP	stóp	146
PARADA DE AUTOBÚS	BUS STOP	bas stop	24
PARAGUAS	UMBRELLA	ambréla	162
PARALIZADO	PARALIZED	párelaisd	102
PARAR	TO SLOW DOWN	tu slóu dáun	139
PARARRAYOS	LIGHTNING ROD	láitninrod	82
PARECE	IT SEEMS	it síims	132
PAREJA	COUPLE	cápel	35
PARIENTES	RELATIVES	rélatifs	123
PARLAMENTO	PARLIAMENT	páalement	103
PARLOTEAR	TO BLAB	tu bláb	17
PARODIAR	TO PARODY	tu páredi	103
PARPADEO	TWINKLE	tuínquel	160
PARQUE	PARK	páak	102
PÁRROCO	PARSON	páasen	103
PARTE DELANTERA	FRONT	frant	55
PARTE SUPERIOR	TOP	top	156
PARTICIPAR	TO PARTICIPATE	tu paatísipeit	103
PARTÍCULA	PARTICLE	páatiquel	103
PARTIDO	MATCH	máach	87
PARTIRSE EN DOS	TO SNAP	tu snáp	140
PASADIZO	PASSAGE	pásich	103
PASADO	PAST	páast	104
PASAJERO	PASSING	páasin	103
PASAPORTE	PASSPORT	páaspoot	104
PASAR ALGO	TO HAPPEN	tu jápen	65
PASAR EL PESTILLO	TO LATCH	tu lach	79
PASATIEMPO	HOBBY	jóbi	69
PASATIEMPO	PASTIME	páastaim	104

ESPAÑOL	INGLÉS	PRONUNCIACIÓN	PÁG.
PASILLO	CORRIDOR	córido	34
PASILLO	HALLWAY	jóoluei	64
PASIÓN	PASSION	páchen	103
PASO DE CEBRA	PEDESTRIAN CROSSING	pedéstrien crosin	105
PASOS	FOOTSTEPS	futsteps	53
PASTA DE DIENTES	TOOTHPASTE	túuz péist	156
PASTAR	TO GRAZE	tu gréis	61
PASTEL	CAKE	quéik	25
PASTEL	PASTRY	péistri	104
PASTEL	TART	táat	151
PASTO	PASTURE	páasche	104
PATAS PALMEADAS	WEB FOOT	ueb fut	168
PATAS TRASERAS	HIND LEGS	jaind legs	69
PATATA	POTATO	petéitou	112
PATEAR	TO KICK	tu quik	76
PATINAR	TO SKATE	tu squéit	137
PATINES	ROLLER SKATES	rólesqueits	126
PATIO	PLAYGROUND	pléigraund	110
PATIO	YARD	iáad	173
PATIO INTERIOR	QUAD	cuód	118
PATO	DUCK	dak	43
PATRÓN	PATTERN	páten	104
PAVIMENTO	PAVEMENT	páafment	104
PAVO	TURKEY	téeki	159
PAVO REAL	PEACOCK	píicoc	105
PAYASO	CLOWN	cláun	30
PAZ	PEACE	píis	104
PEATÓN	PEDESTRIAN	pedéstrien	105
PECAS	FRECKLES	fréquels	54
PECECILLO	MINNOW	mínou	90
PECES DE COLORES	GOLDFISH	góuldfish	59
PEDACITO	BIT	bit	17
PEDAL	PEDAL	pédel	105
PEDAZOS	SCRAPS	scraps	131
PEDIR	TO ORDER	tu óode	99
PEGAJOSO	STICKY	stíqui	145
PEGAMENTO	GLUE	glú	59
PEGAR CON CINTA ADHESIVA	TO TAPE	tu téip	151
PEINAR	TO COMB	tu cam	32
PEINE	COMB	cóum	32
PELAR	TO PEEL	tu píil	105
PELEAR	BATTLE	bátel	13
PELEAR	TO FIGHT	tu fáit	50
PELÍCANO	PELICAN	péliquen	105
PELÍCULA	FILM	film	50
PELÍCULA	MOVIE	múvi	93
PELIGRO	DANGER	déinche	39
PELLIZCAR	TO PINCH	tu pinch	108
PELOTA, BALÓN	BALL	bóol	12

Español	Inglés	Pronunciación	Pág.
PELUQUERO	HAIRDRESSER	jéadrése	64
PELUSA	FLUFF	flaf	52
PENDENCIERO	QUARRELSOME	cuórelsam	118
PENDIENTE	PENDING	péndin	106
PENSAMIENTO (FLOR)	PANSY	pánsi	102
PENSAR	TO THINK	tu cink	153
PENTÁGONO	PENTAGON	pénteguen	106
PEPINO	CUCUMBER	quiucámbe	37
PEQUEÑO	LITTLE	lítel	83
PEQUEÑO	SMALL	smól	139
PERA	PEAR	péa	105
PERCA	PERCH	péech	106
PERCHA	PEG	peg	105
PERCHA	RACK	rak	120
PERDER	TO LOSE	tu lúus	85
PERDONAR	TO FORGIVE	tu foguív	53
PERDURABLE	LASTING	lásting	79
PEREJIL	PARSLEY	páasli	103
PERFUME	PERFUME	péefiuum	106
PERFUME	SCENT	sent	130
PERÍMETRO	PERIMETER	perímite	106
PERIÓDICO	DAILY	déili	39
PERIÓDICO	NEWSPAPER	niúuspéipe	96
PERISCOPIO	PERISCOPE	périscoup	106
PERLA	PEARL	péel	105
PERMITE	ALLOWS	eláus	8
PERO	BUT	bat	24
PERRO	DOG	dog	41
PERSEGUIR	TO CHASE	tu chéis	29
PERSEGUIR	TO PURSUE	tu péesiu	117
PERSONA	PERSON	péesen	106
PERSONAJE	CHARACTER	cáracte	29
PESADILLA	NIGHTMARE	náitmea	97
PESADO	HEAVY	jévi	67
PESAR	TO WEIGH	tu uéi	168
PESCADO AHUMADO	KIPPERS	quípes	77
PESCAR	TO FISH	tu fish	51
PESTAÑA	LASH	lash	79
PESTAÑA	EYELASH	ailash	47
PESTAÑEAR	TO BLINK	tu blínk	18
PÉTALO	PETAL	pétel	107
PETARDO	FIRECRACKER	fáiecráque	51
PETIRROJO	ROBIN	róbin	125
PETUNIA	PETUNIA	petiúnie	107
PEZ	FISH	fish	51
PIANO	PIANO	piánou	107
PICADURA	STING	stín	145
PICANTE	SPICY	spáisi	142
PICAR	TO ITCH	tu ich	73

Español	Inglés	Pronunciación	Pág.
PICAR	TO GRIND	tu gráind	61
PICAZÓN	ITCH	ich	73
PICO	BEAK	bíik	13
PICO	PICKAXE	píquex	107
PICOTAZO	PECK	pec	105
PIE	FOOT	fut	53
PIEDAD	PITY	piti	109
PIEDRA	STONE	stóun	146
PIEL	SKIN	squín	138
PIERNAS	LEGS	légs	81
PIEZA	PART	páat	103
PIJAMAS	PYJAMAS	pechámes	117
PILAR	PILLAR	píle	108
PÍLDORA	PILL	pil	108
PILOTO	PILOT	páilet	108
PIMIENTO	PEPPER	pépe	106
PINCEL	BRUSH	brach	23
PINCHAR	TO PUNCTURE	tu pankche	117
PINCHAZO	PRICK	pric	114
PINGÜINO	PENGUIN	péngüin	106
PINO	PINE	pain	108
PINTAR	TO PAINT	tu péint	101
PINTOR	PAINTER	péinte	101
PINTORESCO	QUAINT	cuéint	118
PINTURA	PAINT	peint	101
PINTURA	PAINTING	péintin	101
PINTURA FRESCA	WET PAINT	uét péint	101
PINZAS	CLAWS	clós	30
PINZAS	TWEEZERS	tuíises	160
PIÑA	PINE CONE	páincoun	33
PIÑA	PINEAPPLE	páinapl	108
PIPA	PIPE	paip	108
PIRÁMIDE	PYRAMID	píramid	117
PIRATA	BUCCANEER	baquenié	23
PIRATA	PIRATE	páiret	108
PIRULETA	LOLLIPOP	lólipop	84
PISADA	FOOTPRINT	futprint	53
PISAR UN CHARCO	TO STEP IN	tu stépin	145
PISCINA	POOL	púul	111
PISOTEAR	TO TRAMPLE	trámpel	157
PISTA DE HIELO	RINK	rink	125
PISTA, INDICIO	CLUE	clú	30
PISTOLA	PISTOL	pístel	108
PISTOLERO	GUNMAN	gánman	63
PITIDO	BEEP	bip	18
PITO	WHISTLE	uísel	170
PITÓN	PYTHON	páicen	117
PITORRO	SPOUT	spáut	143
PIZARRA	BLACKBOARD	blákbord	17

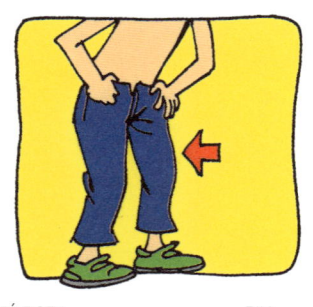

Español	Inglés	Pronunciación	Pág.
PIZARRA	SLATE	sléit	138
PLACA	PLAQUE	pláak	109
PLAGA	BLIGHT	blait	18
PLAGA	PEST	pest	106
PLANCHA	IRON	áien	73
PLANCHAR	TO IRON	tu áien	73
PLANEADOR	GLIDER	glaide	59
PLANETAS	PLANETS	plánits	109
PLANTA	PLANT	pláant	109
PLANTAR	TO PLANT	tu plant	109
PLÁSTICO	PLASTIC	plástic	109
PLASTILINA	PLASTICINE	plástesiin	109
PLATA	SILVER	sílve	137
PLATAFORMA	PAD	pad	101
PLÁTANO	BANANA	benáane	12
PLATIJA	PLAICE	pleis	109
PLATILLOS	CYMBALS	símbels	38
PLATO	DISH	dish	40
PLATO	PLATE	pléit	109
PLATO GIRATORIO	TURNTABLE	téenteibol	160
PLAYA	BEACH	bíich	13
PLIEGUE	CREASE	críis	36
PLIEGUE	PLEAT	plíit	110
PLUMA	FEATHER	féde	49
PLUMA	PEN	pen	105
PLUMA	QUILL	cuíl	119
PLUMÓN	DOWN	dáun	41
POBRE	POOR	púa	112
POCILGA	PIGSTY	pígstai	108
POCO	FEW	fiú	50
POCO CLARO	UNCLEAR	anclíe	162
POCO PROFUNDO	SHALLOW	shálou	133
PODAR	TO PRUNE	tu prúun	115
PODRIDO	ROTTEN	róten	126
PODRIDO	SPOILED	spéild	143
POEMA	POEM	póuem	111
POLEA	PULLEY	púli	116
POLEN	POLLEN	pólen	111
POLICÍA	CONSTABLE	cánstebel	33
POLICÍA	POLICEMAN	pelíisman	111
POLVO	DUST	dast	43
POLVO	POWDER	páude	113
PÓLVORA	GUNPOWER	gánpaude	63
POMADA	OINTMENT	óintment	98
POMELO	GRAPEFRUIT	gréipfrfrúut	60
POMO	DOORKNOB	dóonob	41
POMO	KNOB	nob	77
PONER	TO LAY	tu léi	80
PONER	TO PUT	tu put	117

Español	Inglés	Pronunciación	Pág.
PONER EN MARCHA	TO START	tu stáat	144
POR	AT	at	10
POR FAVOR	PLEASE	plíis	110
POR QUÉ	WHY	uái	170
PORCHE	PORCH	póoch	112
POROS	PORES	póos	112
PORQUE	BECAUSE	bikós	14
PORTÁTIL	PORTABLE	póotebel	112
PORTAZO	SLAM	slám	138
PORTON	GATE	gueit	57
POSARSE	TO PERCH	tu péech	106
POSTE	POLE	póul	111
POSTERGAR	TO PUT OFF	tu pútof	117
POSTIGOS	SHUTTERS	shátes	136
POTRILLO	COLT	coult	32
POTRO	STALLION	stálien	144
POZO	WELL	uél	168
PRADERA	PRAIRIE	préari	113
PRADERA	MEADOW	médou	88
PRECIO	PRICE	prais	113
PRECIOSO	LOVELY	lafli	85
PREFERIR	TO PREFER	tu prefée	113
PREGUNTA	QUESTION	cuéschen	119
PREGUNTAR	TO ASK	tu áask	10
PREGUNTARSE	TO WONDER	tu uánde	171
PREMIO	PRIZE	prais	114
PREOCUPAR	TO WORRY	tu uári	172
PRESA	DAM	dem	39
PRESA	PREY	prei	113
PRESENTAR	TO INTRODUCE	tu intrediús	73
PRESENTAR	TO PRESENT	tu prisént	113
PRESO	PRISONER	prísne	114
PRESTAR	TO LEND	tu lend	81
PRESTAR	TO LOAN	tu lóun	84
PRESUNTUOSO	PRIG	prig	114
PRIMARIA	PRIMARY	práimeri	114
PRIMAVERA	PRIMROSE	prímrous	114
PRIMAVERA	SPRING	sprín	143
PRIMO, MA	COUSIN	cásen	35
PRINCESA	PRINCESS	prinses	114
PRÍNCIPE	PRINCE	prins	114
PRINCIPIO	PRINCIPLE	prínsipel	114
PRISIÓN	PRISON	prísen	114
PRISMA	PRISM	prísem	114
PRIVADO	BEREFT	biréft	15
PRIVADO	PRIVATE	práivit	114
PROBABILIDAD	PROBABILITY	probebíliti	114
PROBAR	TO TEST	tu test	153
PROBLEMA	PROBLEM	próblem	115

ESPAÑOL	INGLÉS	PRONUNCIACIÓN	PÁG.
PRODUCIR	TO PRODUCE	to prediúus	115
PRODUCTOS LÁCTEOS	DAIRY	déari	39
PROFESOR	SCHOOLMASTER	scúulmaste	130
PROFESORA	SCHOOLMISTRESS	scúulmistres	130
PROFESORA	TEACHER	tíiche	152
PROGRAMA	PROGRAM	próugram	115
PROHIBIDO	PROHIBITED	prejíbitid	115
PROHIBIR	TO BAN	tu ban	12
PROMEDIO	AVERAGE	áverich	11
PROMETER	TO PROMISE	tu prómis	115
PROMETIDO	BETROTHED	bitróuzt	16
PRONTO	SOON	súun	141
PRONUNCIAR	TO PRONOUNCE	tu prenáuns	115
PROPIEDAD	PROPERTY	própeti	115
PROPORCIONAR	TO PROVIDE	tu preváid	115
PROTESTAR	TO PROTEST	tu pretést	115
PROVERBIO	PROVERB	provéeb	115
PRÓXIMO	NEXT	next	96
PROYECTAR	TO PLAN	tu plan	109
PROYECTO	PROJECT	próyect	115
PRUEBA	PROOF	prúuf	115
PÚA	QUILL	cuíl	119
PÚA	SPIKE	spáik	142
PÚBLICO	PUBLIC	páblic	116
PUDIN	PUDDING	púdin	116
PUEBLO	TOWN	táun	157
PUEBLO	VILLAGE	vílach	164
PUENTE	BRIDGE	brich	22
PUENTE LEVADIZO	DRAWBRIDGE	dróbrich	42
PUERCA	SOW	sáu	141
PUERRO	LEEK	líik	80
PUERTA	DOOR	dóo	41
PUERTO	HARBOUR	jáabe	65
PUERTO	PORT	póot	112
PUESTA DE SOL	SUNSET	sánset	148
PULGA	FLEA	flíi	52
PULGADA	INCH	inch	71
PULMONES	LUNGS	lans	85
PULPA	PULP	palp	116

ESPAÑOL	INGLÉS	PRONUNCIACIÓN	PÁG.
PÚLPITO	PULPIT	púlpit	116
PULPO	OCTOPUS	óctepes	98
PULSAR	TO PRESS	tu pres	113
PULSERA	BRACELET	bréislet	21
PULSO	PULSE	pals	116
PULSO	PULSATION	palsacion	116
PULVERIZAR	PULVERIZE	pálverais	116
PUMA	PUMA	piúume	116
PUNTA	POINT	póint	111
PUNTA	PRONG	pron	115
PUNTERÍA	AIM	éim	8
PUNTIAGUDO	POINTED	póintid	111
PUNTO ORTOGRÁFICO	PERIOD	píeried	106
PUNTUAL	PUNCTUAL	pánkchuel	116
PUÑAL	DAGGER	dágue	39
PUÑO	CUFF	caf	37
PUÑO	FIST	fist	51

Q

ESPAÑOL	INGLÉS	PRONUNCIACIÓN	PÁG.
QUÉ	WHAT	uót	169
QUÉ HORA ES	WHAT TIME IS IT	uot táim is it	155
QUE TE VAYA BIEN	FAREWELL	féauel	49
QUEDAR A MERCED	TO BE AT THE MERCY OF	tu bi at the méesi of	89
QUEJARSE	TO GROAN	tu gróun	61
QUEJUMBROSO	QUERULOUS	cuéreles	119
QUERER	TO WANT	tu uónt	166
QUERERSE	TO LOVE	tu lav	85
QUIÉN ES	WHO IS	jú is	170
QUIETO	STAY HERE	stéi jíe	145
QUILLA	KEEL	quíil	76
QUINTA	FIFTH	fifz	50
QUIOSCO	KIOSK	quiosk	77
QUITARSE	TO TAKE OFF	tu téicof	150
QUIZÁ	MAYBE	méibi	88

R

ESPAÑOL	INGLÉS	PRONUNCIACIÓN	PÁG.
RÁBANO	RADISH	radish	120
RABO	TAIL	téil	150
RACIMO DE UVAS	GRAPES	greips	60
RADIADOR	HEATER	jíite	67
RADIADOR	RADIATOR	réidieite	120
RADIO	RADIO	réidiou	120
RADIO GEOMÉTRICO	RADIO	réidiou	120
RADIOGRAFÍA	X-RAY	éxrei	173
RÁFAGA	GUST	gast	63
RAÍZ	ROOT	rúut	126
RALLADOR	GRATER	greite	60
RAMA	BRANCH	branch	21
RAMA	LIMB	láimb	82
RAMITA	TWIG	tuig	160
RAMO	BOUQUET	buquéi	20
RANA	FROG	frog	55
RANURA	GROOVE	grúuv	62
RANURA	SLOT	slót	139
RÁPIDO	FAST	fáast	49

ESPAÑOL	INGLÉS	PRONUNCIACIÓN	PÁG.
RÁPIDO	QUICK	cuík	119
RÁPIDO	RAPID	répid	121
RAQUETAS DE NIEVE	SNOWSHOES	snóushuus	140
RARO	RARE	rea	121
RARO	STRANGE	stréinch	146
RARO, FUERA, APAGADO	OFF	of	98
RASCACIELOS	HIGH RISE	jáirais	68
RASCACIELOS	SKYCRAPER	scáiscreipe	138
RASGAR	TO RIP	tu rip	125
RASGAR	TO TEAR	tu téa	152
RASPADOR	SCRAPER	scréipe	131
RASPADURA	SCRAPE	scréip	131
RASTRILLO	RAKE	reik	120
RASTRO	TRAIL	tréil	157
RATA	RAT	rat	121
RATO (UN)	A WHILE	e uáil	11
RATÓN	MOUSE	máus	92
RAYA	STRIPE	stráip	147
RAYO	LIGHTNING	láitnin	82
RAYO DE LUZ	RAY OF SUNLIGHT	rei of sánlait	121
RAYOS Y TRUENOS	THUNDER	zánde	154
RAZONAR, DISCUTIR	TO REASON	tu rísen	122
REAL	ROYAL	róiel	127
REAL, VERDADERO	QUIVER	cuíve	119
REAL, VERDADERO	REAL	rial	121
REBAÑO	HERD	jerd	68
REBELARSE	TO REBEL	tu ribél	122
REBOSAR	TO OVERFLOW	tu óuveflou	100
REBOTAR	TO BOUNCE	tu báuns	20
RECETA	RECIPE	risáip	122
RECHAZAR	TO REFUSE	tu rifiús	123
RECIBIR	TO RECEIVE	tu risíif	122
RECIÉN	RECENTLY	rísentli	122
RECIO	TOUGH	taf	156
RECITAR	TO RECITE	tu risáit	122
RECOGER	TO GATHER	tu gáade	57
RECORTAR	TO CLIP	tu clip	30
RECORTAR	TO CUT OUT	tu cátaut	38
RECORTAR	TO TRIM	tu trim	158
RECOSTARSE	TO LIE DOWN	tu láidaun	82
RECREO	PLAYTIME	pleitaim	110
RECTANGULAR	OBLONG	óblon	98
RECTÁNGULO	RECTANGLE	réktangel	122
RECTO	STRAIGHT	stréit	146
RECUPERARSE	TO RECOVER	tu ricóuve	122
REDONDO	ROUND	ráund	126
REFLECTOR	SEARCHLIGHT	séerchlait	131
REFLEJO	REFLECTION	riflékchen	123
REFUNFUÑAR	TO MUTTER	tu máte	94

ESPAÑOL	INGLÉS	PRONUNCIACIÓN	PÁG.
REGADERA	WATERING CAN	uóterin can	167
REGALO	GIFT	guift	58
REGAZO	LAP	lap	79
REGIÓN	REGION	ríichen	123
REGLA	RULE	rúul	127
REINA	QUEEN	cuín	119
REÍR	TO LAUGH	tu láaf	79
REÍRSE TONTAMENTE	TO GIGGLE	tu guíguel	58
REJILLA	SCREEN	scríin	131
RELINCHAR	TO NEIGH	tu néi	96
RELLANO	LANDING	landing	78
RELOJ	CLOCK	cloc	30
RELOJ	WATCH	uóch	167
RELOJ DE PULSERA	WRISTWATCH	rístuoch	172
RELOJ DE SOL	SUNDIAL	sándaiel	148
RELUMBRAR	TO SPARKLE	tu spáaquel	142
REMAR	TO PADDLE	tu pádel	101
REMAR	TO ROW	tu róu	173
REMIENDO	PATCH	pách	104
REMO	OAR	óo	98
REMOLCAR	TO TON	tu tan	156
REMOLQUE	TRAILER	tréile	157
REMOTO	REMOTE	remóut	123
REMOVER	TO STIR	tu stée	146
RENACUAJO	TADPOLE	tádpoul	150
RENDIRSE	TO GIVE UP	tu gífap	58
RENDIRSE	TO SURRENDER	tu serénde	148
RENO	REINDEER	réindie	123
REPARTIR	TO HAND OUT	tu jándaut	64
REPETIR	TO REPEAT	tu ripíit	123
REPIQUE DE CAMPANAS	PEAL OF BELLS	píil of bels	105
REPTIL	REPTILE	réptail	124
REPUESTO DE NEUMÁTICO	SPARE TYRE	speir táie	141
RES	STEER	stíe	145
RESBALADIZO	SLIPPERY	slíperi	139
RESBALAR	TO SKID	tu squíd	138
RESBALAR	TO SLIP	tu slíp	139
RESCATAR	TO RESCUE	tu résquiu	124
RESOLVER	TO SOLVE	tu sólf	141
RESPIRAR	TO BREATHE	tu bríiz	21
RESPONDER	TO REPLAY	tu repléi	123
RESPONSABLE	RESPONSIBLE	rispónsibl	124
RESTAR	TO SUBTRACT	tu sebstráct	147
RESTAURANTE	RESTAURANT	réstorant	124
RESULTADO	SCORE	scóo	131
RESULTAR	TO TURN OUT	tu téen aut	160
RETRATO	PORTRAIT	póotreit	112
RETROVISOR	REARVIEW MIRROR	ríeviumírror	122

ESPAÑOL	INGLÉS	PRONUNCIACIÓN	PÁG.
RETUMBO	RUMBLE	rámbel	127
REUNIÓN	MEETING	míitin	89
REVENTAR	TO BURST	tu béest	24
REVISTA	MAGAZINE	méguesin	86
REVOLTOSO	NAUGHTY	nóoti	95
REVÓLVER	GUN	gan	63
REY	KING	quin	77
REYEZUELO	WREN	ren	172
REZAR	TO PRAY	tu préi	113
RIACHUELO	CREEK	críik	36
RICO	RICH	rích	124
RIEL	TRACK	trak	157
RIENDAS	REINS	réins	123
RIESGO	RISK	risk	125
RIMA	RHYME	ráim	124
RINCÓN	CORNER	cóone	34
RINOCERONTE	RHINOCEROS	rainóseros	124
RIÑA	TO QUARREL	tu cuórel	118
RIÑÓN	KIDNEY	quídni	76
RÍO	RIVER	ríve	125
RIVALES	RIVALS	ráivels	125
RIZADO	CURLY	quéeli	38
ROBAR	TO STEAL	tu stíil	145
ROBLE	OAK	óuk	98
ROCA	BOULDER	boulde	20
ROCA	ROCK	rok	125
ROCIAR	TO SPRAY	tu spréi	143
RODAR	TO ROLL	tu rol	126
RODEADO	SURROUNDED	seráunde	149
RODILLA	KNEE	níi	77
RODILLO	ROLLING PIN	rólinpin	126
ROJO	RED	red	122
ROLLIZO	PLUMP	plamp	110
ROLLO	ROLL	rol	126
ROMERO	ROSEMARY	róusmeri	126
ROMPECABEZAS	JIGSAW	yigso	74
ROMPECABEZAS	PUZZLE	pásel	117
ROMPER	TO BREAK	tu bréik	21
ROMPER LA CERRADURA	TO BREAK IN	tu bréik in	21
RONCO	HOARSE	jóos	69
RONRONEAR	TO PURL	tu péel	117
ROPA	CLOTHES	clóus	30
ROPA BLANCA	LINEN	línin	83
ROPA INTERIOR	UNDERWEAR	ándeuea	163
ROPA SUCIA	LAUNDRY	lóondri	79
ROSA	ROSE	róus	126
RUBÍ	RUBY	rúubi	127
RUBIO, BIA	BLONDE	blond	18
RUBORIZARSE	TO BLUSH	tu blásh	19

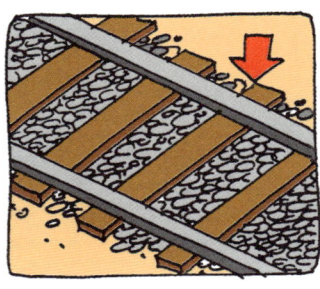

ESPAÑOL	INGLÉS	PRONUNCIACIÓN	PÁG.
RUEDA	WHEEL	uíil	169
RUGIR	TO ROAR	tu róo	125
RUIBARBO	RHUBARB	rúubaab	124
RUIDO	NOISE	nóis	97
RUINA	RUIN	rúuin	127
RUISEÑOR	NIGHTINGALE	náitingueil	97

S

ESPAÑOL	INGLÉS	PRONUNCIACIÓN	PÁG.
SÁBADO	SATURDAY	sátedei	129
SÁBANA	SHEET	shíit	134
SABANERO	MEADOWLARK	médoulaak	88
SABER	SCHOLARSHIP	scólechip	130
SABIHONDO	BIGHEAD	big jed	16
SABIO	WISE	uáis	171
SABOR	FLAVOR	fléive	52
SABOREAR	TO ENJOY	tu enyói	46
SABROSO	TASTY	téisti	151
SACACORCHOS	CORKSCREW	cókscru	34
SACAPUNTAS	SHARPENER	sháapne	134
SACAR, QUITAR	TO REMOVE	tu rimúuf	123
SACERDOTE	PRIEST	príist	114
SACIAR	QUELL	cuél	119
SACO	SACK	sak	128
SACO DE DORMIR	SLEEPING BAG	slíipin bag	138
SACRIFICIO	SACRIFICE	sácrifais	128
SACUDIDA	SHOCK	shok	135
SACUDIR, AGITAR	TO SHAKE	tu shéik	133
SAGRADO	HOLY	jóli	70
SAL	SALT	solt	128
SALCHICHA	SAUSAGE	sósich	129
SALIDA DEL SOL	SUNRISE	sánrais	148
SALIR	STEP OUT	stép aut	145
SALIR	TO EXIT	tu éxit	47
SALMÓN	SALMON	sémon	128
SALÓN	LIVING ROOM	lívinrum	84
SALÓN DE BELLEZA	PARLOUR	páale	103
SALPICAR	TO SPLASH	tu splásh	142
SALSA	SAUCE	sóos	129
SALTADOR	JUMPER	yámpa	75
SALTAMONTES	GRASSHOPPER	grásjope	60
SALTAR	TO JUMP	tu yiamp	75
SALTAR A	TO JUMP IN	tu yiámpin	75
SALTAR A	TO JUMP ON	tu yiámpon	75
SALTAR A LA COMBA	TO SKIP	tu squíp	138
SALTO MORTAL	SOMERSAULT	sómesoolt	141
SALUDAR	TO GREET	tu gríit	61
SALUDAR	TO SALUTE	tu seliút	128
SALVAJE	WILD	uáild	170

ESPAÑOL	INGLÉS	PRONUNCIACIÓN	PÁG.
SANAR	TO HEAL	tu híil	66
SANDALIA	SANDAL	sándel	128
SANDÍA	WATERMELON	úatermélon	167
SANGRAR	TO BLEED	tu blíid	18
SANGRE	BLOOD	blad	19
SAPO	TOAD	tóud	155
SARAMPIÓN	MEASLES	míisels	88
SARDINA	SARDINE	saadíin	129
SARPULLIDO	RASH	rasch	121
SARTÉN	FRYING PAN	fráiinpen	55
SASTRE	TAILOR	téilo	150
SATÉLITE	SATELLITE	sátelait	129
SAUCE	WILLOW	uílou	170
SAVIA	SAP	sap	128
SE PORTA	TO BEHAVE	tu bijéiv	15
SECADOR DE PELO	HAIRDRYER	jéadraie	64
SECADORA	DRYER	dráie	43
SECAR	TO DRY	tu drái	43
SECO	DRY	drai	43
SECRETO	SECRET	sícret	132
SECUESTRAR	TO KIDNAP	tu quídnap	76
SECUESTRO	HIGHJACK	jáiyak	68
SEDA	SILK	silk	136
SEDIENTO	THIRSTY	céesti	153
SEDOSO	SILKY	sílki	137
SEGAR	TO MOW	tu móu	93
SEGUIR	TO FOLLOW	tu fólou	53
SEGUNDO	SECOND	séquend	132
SEGURO	CERTAIN	séten	29
SEGURO	SURE	shue	148
SEIS	SIX	siks	137
SELLO	STAMP	stámp	144
SELVA	JUNGLE	yánguel	75
SEMÁFORO	TRAFFIC LIGHT	tráfic láit	157
SEMANA	WEEK	uíik	168
SEMBRAR	TO SOW	tu sóu	141
SEMICÍRCULO	SEMICIRCLE	sémiseequel	132
SEMILLA	SEED	síid	132
SENDERO	PATH	páaz	104
SENSIBLE	SENSITIVE	sénsitiv	132
SENTARSE	TO SIT	tu sit	137
SENTIDO COMÚN	GUMPTION	gámpchen	63
SEÑORA	LADY	léidi	78
SEPTIEMBRE	SEPTEMBER	septémbe	133
SÉPTIMO	SEVENTH	sévenz	133
SER	TO BE	tu bíi	13
SER DUEÑO	TO OWN	tu oun	100
SERPIENTE	SNAKE	snéik	140
SERPIENTE DE CASCABEL	RATTLESNAKE	rátelsneik	121

ESPAÑOL	INGLÉS	PRONUNCIACIÓN	PÁG.
SERRAR	TO SAW	tu sóo	129
SERRÍN	SAWDUST	sóodast	129
SERRUCHO	SAW	sóo	129
SERVILLETA	NAPKIN	nápkin	95
SERVIR	TO SERVE	tu séef	133
SETO	HEDGE	jech	67
SEXTO	SIXTH	siksz	137
SÍ	YES	iés	173
SI	IF	if	71
SICOMORO	SYCAMORE	síquemoo	149
SIEMPRE	ALWAYS	ólueis	9
SIEMPRE VERDE	EVERGREEN	évegrín	46
SIETE	SEVEN	séven	133
SIGLO	CENTURY	séntri	28
SILBAR	TO WHISTLE	tu uísel	170
SILLA	CHAIR	chéa	29
SILLA DE RUEDAS	WHEELCHAIR	uíil chea	169
SILUETA	SILHOUETTE	siluét	136
SIMPÁTICO	KIND	caind	76
SIMPLE, SENCILLO	SIMPLE	símpel	137
SIN CORTAR	UNCUT	ancát	162
SIN FORMA	SHAPELESS	shéiples	133
SIN REMEDIO	HOPELESS	jouplis	70
SINGULAR	SINGULAR	sínguiule	137
SINSONTE	MOCKINGBIRD	mókinbed	91
SIRENA	MERMAID	méemeid	89
SIRENA	SIREN	sáiren	137
SOBRE	ABOUT	ebáut	7
SOBRE	ENVELOPE	énveloup	46
SOBRENOMBRE	NICKNAME	nicneim	97
SOBRINA	NIECE	níis	97
SOBRINO	NEPHEW	néfiu	96
SOFÁ	COUCH	cauch	34
SOFÁ	SOFA	soúfa	140
SOGA	ROPE	roup	126
SOL	SUN	san	148
SOLAPA	LAPEL	lepél	79
SOLDADO	SOLDIER	sóulye	140
SOLITARIO	LONELY	lóunli	84
SOLO	ALONE	elóun	9
SOLTAR	TO COME OFF	tu cámof	32
SOLTERO	BACHELOR	báchele	12
SOMBRA	SHADOW	shádou	133
SOMBRERO	HAT	ját	66
SONAJERO	RATTLE	rátel	121
SONDEAR	TO PROBE	tu próub	114
SONIDO FUERTE	LOUD	láud	85
SONREÍR	TO GRIN	tu grin	61
SONROSADO	ROSY	róusi	126
SOÑAR CON OVEJAS	DREAM OF SHEEP	dríimofshiip	42

ESPAÑOL	INGLÉS	PRONUNCIACIÓN	PÁG.
SOPA	SOUP	sup	141
SOPLAR	TO BLOW	tu blóu	19
SORBER	TO SIP	tu sip	137
SORDO	DEAF	dif	94
SORPRESA	SURPRISE	sepráis	148
SOSA	BLAND	bland	17
SOSTÉN	BRA	bráa	21
SOSTENER	TO HOLD	tu jóuld	69
SUAVE	SMOOTH	smúuz	140
SUAVE	SOFT	soft	140
SUBIR	TO GO UP	tu góuap	59
SUBIRSE	TO GET ON	tu guéton	57
SUBMARINO	SUBMARINE	sabmeríin	147
SUCIO	GRIMY	grími	61
SUDAR	TO SWEAT	tu suét	149
SUELO	FLOOR	flóo	52
SUELO	GROUND	gráund	62
SUÉLTAME	LET ME GO	létmigou	81
SUEÑO	DREAM	dríim	42
SUÉTER	PULLOVER	púlouve	116
SUÉTER	SWEATER	suéte	149
SUMAR	TO ADD	tu ád	7
SUPERFICIE LISA	EVEN SURFACE	íven séfis	46
SUPERFICIE LUNAR	MOON SURFACE	mun séefis	148
SUPERMERCADO	SUPERMARKET	súpemaaquet	148
SUPLICAR	TO PLEAD	tu plíid	110
SUR	SOUTH	sáuz	141
SURTIDOR	GAS PUMP	gás pámp	56
SUSPENDER	TO FAIL	tu féil	48
SUSPENDER O CANCELAR	TO CALL OFF	tu cóolof	25
SUSPIRAR	TO SIGH	tu sái	136
SUSURRAR	TO WHISPER	tu uíspe	170

T

ESPAÑOL	INGLÉS	PRONUNCIACIÓN	PÁG.
TABLA MARINA	SAILBOARD	séilbood	128
TABLERO	BOARD	bóod	19
TABLERO	PANEL	pánel	102
TABLETA	TABLET	táblet	150
TABLÓN	PLANK	plank	109
TABURETE	STOOL	stúul	146
TACAÑO	PARSIMONIOUS	paasimóunies	103
TACHAR	TO CROSS OUT	tu crósaut	37
TACHUELA	TACK	ták	150
TALADRAR	TO DRILL	tu dril	42
TALADRO	DRILL	dril	42
TALENTO	TALENT	tálent	150
TALLA	SIZE	sáis	137

ESPAÑOL	INGLÉS	PRONUNCIACIÓN	PÁG.
TALLER	WORKSHOP	uékshop	172
TALLO	STALK	stóok	144
TALLO	STEW	stiú	145
TALÓN	HEEL	jíil	67
TAMBOR	DRUM	dram	43
TANQUE, DEPÓSITO	RESERVOIR	résevuaa	124
TAPA	COVER	cáve	35
TAPA	LID	lid	82
TAPAR	TO COVER	tu cóuve	35
TAPÓN	PLUG	plag	110
TAPONAZO	POP	pop	112
TAREA	TASK	táask	151
TAREAS	HOMEWORK	jóumuek	70
TARJETA POSTAL	POSTCARD	póustcaad	112
TARTA	PIE	pái	107
TAXI	TAXICAB	táxicab	151
TAZA	CUP	cap	37
TAZA DE TÉ	CUP OF TEA	cap of ti	152
TAZÓN	BOWL	boul	20
TEATRO	THEATER	cíate	153
TECHO	CEILING	sílin	28
TECHO	ROOF	rúuf	126
TEJADO	SHINGLE	shínguel	134
TEJER	TO KNIT	tu nit	77
TEJO DE HOCKEY	HOCKEY PUCK	jóquipak	69
TELA	CLOTH	clóoz	30
TELAR	LOOM	lúum	84
TELARAÑA	COBWEB	cóbueb	31
TELEFONEAR	TO CALL UP	tu cóolap	25
TELEFONEAR	TO TELEPHONE	tu télifoun	152
TELÉFONO	TELEPHONE	télifoun	152
TELÉFONO	PHONE	foun	107
TELÉFONO PÚBLICO	PAY PHONE	peifoun	104
TELEGRAMA	TELEGRAM	télegram	152
TELESCOPIO	TELESCOPE	téliscoup	152
TELEVISIÓN	TELEVISION	televíschen	152
TEMBLAR	TO QUAVER	tu cuéive	119
TEMBLAR	TO SHIVER	tu shíve	135
TEMBLAR	TO TREMBLE	tu trémbel	158
TEMPERATURA	TEMPERATURE	témpeche	152
TEMPESTAD	STORM	stóom	146
TEMPRANO	EARLY	éeli	44
TENAZAS	PINCERS	pínses	108
TENAZAS	TONGS	tons	155
TENDEDERO	CLOTHES LINE	clóuslain	30
TENDERO	GROCER	grouse	61
TENDERO	SHOPKEEPER	shop quíipe	135
TENEDOR	FORK	fóok	53
TENER JUGUETES	TO HAVE TOYS	tu jav tóis	66
TENER LA CULPA	TO BLAME	tu bléim	17

Español	Inglés	Pronunciación	Pág.
TENER QUE PAGAR	MUST PAY	mast pei	94
TENER SUEÑO	TO BE SLEEPY	tu bi slíipi	138
TENIS	TENNIS	ténis	152
TENTEMPIÉ	SNACK	snák	140
TERCERO	THIRD	céed	153
TERMINAL	TERMINAL	téminel	153
TERMINAR	TO FINISH	tu fínish	51
TERMÓMETRO	THERMOMETER	cemómite	153
TERNERA	CALF	cáaf	25
TERNERA	VEAL	víil	164
TERREMOTO	EARTHQUAKE	éezcuéik	44
TERREMOTO	QUAKE	cuéik	118
TESORO	TREASURE	trésche	158
TETERA	TEAPOT	tíipot	152
TÍA	AUNT	ant	11
TIBIO	LUKEWARM	lúuk uoom	85
TIBURÓN	SHARK	sháak	134
TIEMPO	WEATHER	wéder	168
TIENDA	SHOP	shop	135
TIENDA DE CAMPAÑA	TENT	tent	152
TIERRA	EARTH	éez	44
TIERRA	LAND	land	78
TIESO	STIFF	stíf	145
TIFÓN	TYPHOON	táifuun	161
TIGRE	TIGER	táigue	154
TIJERAS	SCISSORS	sísors	130
TIMBRE	RING	rin	125
TÍMIDO	SHY	shai	136
TIMÓN	HELM	jelm	67
TIMÓN	RUDDER	ráder	127
TINTA	INK	ink	72
TÍO	UNCLE	ánquel	162
TÍPICO	TYPICAL	típical	161
TIPIFICAR	TO TYPIFY	to típifai	161
TIPO	GUY	gái	63
TIPO, TÍO	BLOKE	blouk	18
TIRADOR	HANDLE	jéndel	65
TIRADOR	SLINGSHOT	slínshot	139
TIRÁNICO	TYRANNICAL	tirániquel	161
TIRANIZAR	TYRANNIZE	tírenais	161
TIRANO	TYRANT	táirent	161
TIRANTE	STARP	stáap	147
TIRANTES	SUSPENDERS	sespéndes	149
TIRAR	TO PULL	tu pul	116
TIRAR	TO TUG	tu tág	159
TIRAR LA BASURA	TO GET RID OF	tu guet rid of	57
TIRÓN	TWITCH	tuích	161
TÍTERE	PUPPET	pápit	117
TITUBEAR	TO HESITATE	tu jésiteit	68

Español	Inglés	Pronunciación	Pág.
TÍTULO	QUALIFICATION	cuolifiquéichen	118
TIZA	CHALK	chóok	29
TOALLA	TOWELL	táuel	156
TOBOGÁN	SLIDE	sláid	139
TOCADISCOS	RECORD PLAYER	récood pleie	122
TOCAR	TO TOUCH	tu tách	156
TOCAR LA BOCINA	TO HONK	tu jonk	70
TOCINO	BACON	béiken	12
TOCÓN	STUMP	stámp	147
TODOS	ALL	óol	8
TOLDO	AWNING	ónin	11
TOMAR PRESTADO	TO BORROW	tu bórou	20
TOMATE	TOMATO	temátou	155
TOMILLO	THYME	táim	154
TONELADA	TON	tan	155
TONTO	TWIT	tuít	161
TONTO, NECIO	SILLY	síli	137
TOPO	MOLE	moul	91
TORCER	TO SPRAIN	tu spréin	143
TORCER	TO TWIST	tu túist	160
TORCIDO	CROOKED	crúquid	36
TORNADO	TORNADO	toonéidou	156
TORNILLO	SCREW	scrúu	131
TORO	BULL	bul	23
TORPE	AWKWARD	ócued	11
TORRE	TOWER	táue	156
TORRECILLA	TURRET	táret	160
TORRENTE	TORRENT	tórent	156
TORSIÓN	TWIST	tuíst	161
TORTÍCOLIS	CRICK	crik	36
TORTILLA	OMELETTE	ómlet	99
TORTUGA	TORTOISE	tórtes	156
TORTUGA	TURTLE	téetel	160
TOSER	TO COUGH	tu cof	35
TOSTADA	TOAST	tóust	155
TOSTADORA	TOASTER	tóuste	155
TRABAJAR	TO WORK	tu uéek	172
TRABAJO	JOB	yob	74
TRABAJO	WORK	uéek	172
TRACTOR	TRACTOR	trácte	157
TRAER	TO BRING	tu brin	22
TRÁFICO	TRAFFIC	tráfic	157
TRAGAR	TO GULP	to gálp	63
TRAGAR	TO SWALLOW	tu suólou	149
TRAGO	DRINK	drink	42
TRAIDOR	BETRAY	bitréi	16
TRAJE	SUIT	súut	148
TRAJE ANTIGUO	COSTUME	cóstium	34
TRAJES DE FANTASÍA	FANCY CLOTHES	fánsi clous	48
TRAMPA	TRAP	trap	157

ESPAÑOL	INGLÉS	PRONUNCIACIÓN	PÁG.
TRAMPOLÍN	TRAMPOLINE	trámpeliin	157
TRANQUILO	QUIET	cuáiet	119
TRANSEÚNTE	PASSER-BY	pásebai	103
TRANSPARENTE	TRANSPARENT	transpéarent	157
TRANSPLANTE	TRANSPLANT	transpláant	157
TRANSPORTAR	TO TRANSPORT	tu tenspóot	157
TRAPECIO	TRAPEZE	trepíis	157
TRASATLÁNTICO	LINER	láine	83
TRASBORDADOR	FERRY	féri	50
TRASERO	REAR	ríe	122
TRATAR	TO TRY	tu trái	159
TRAVESÍA	VOYAGE	vóiich	165
TREBOL	CLOVER	clóuv	30
TREN	TRAIN	tréin	157
TRES	THREE	zríi	154
TRIÁNGULO	TRIANGLE	tráiengl	158
TRICICLO	TRICYCLE	tráisicol	158
TRIGO	WHEAT	uíit	169
TRIMESTRAL	QUATERLY	cuóteli	118
TRINCHAR	TO CARVE	tu cáav	27
TRINEO	SLED	sléd	138
TRIPULACIÓN	CREW	crú	36
TRISTE	SAD	sad	128
TRISTE	UNHAPPY	anjápi	163
TRITURAR	TO CRUSH	tu crash	37
TROCAR	TO SWAP	tu suóp	149
TROLEBÚS	TROLLEY BUS	trólibas	158
TROMPA	TRUNK	trank	159
TROMPETA	TRUMPET	trámpit	159
TROMPO	TOP	top	156
TRONADA	THUNDERSTORM	zándestoom	154
TRONCO	LOG	log	84
TRONCO	TRUNK	trank	159
TRONO	THRONE	zróun	154
TROPEZAR	TO TRIP	tu trip	158
TROTAR	TO JOG	tu yog	75
TROTAR	TO TROT	tu trot	158
TROZO DE TARTA	A PIECE OF PIE	e píis of pai	107
TRUCHA	TROUT	traut	159
TRUCO	TRICK	tric	158

ESPAÑOL	INGLÉS	PRONUNCIACIÓN	PÁG.
TUBO	TUBE	tiúb	159
TUBO RESPIRATORIO	SNORKEL	snóoquel	140
TULIPÁN	TULIP	tiúlip	159
TUMBA	GRAVE	greiv	60
TUMBA	TOMB	túum	155
TUMBARSE AL SOL	TO BASK	tu báask	13
TÚNEL	TUNNEL	tánel	159
TUPIDO, ESPESO	THICK	cik	153

U

ÚLTIMO	LAST	láast	79
UMBRAL	THRESHOLD	zrésjould	154
UN DÍA GRIS	A GRAY DAY	e grei dei	61
UN METRO	A METER	a míte	28
UN NOBLE	A NOBLEMAN	a nóubelman	97
UN PAR	A PAIR	e pea	7
UN PAR	A PAIR	e pea	101
UNA VEZ	ONCE	uáns	99
ÚNICO	ONLY	óunli	99
UNICORNIO	UNICORN	iúnicoon	163
UNIFORME	UNIFORM	iúnifoom	163
UNIR	TO JOIN	tu yóin	75
UNIVERSIDAD	COLLEGE	cólich	32
UNIVERSIDAD	UNIVERSITY	iunivéesiti	163
UÑA	FINGER NAIL	fíngue néil	95
URGENCIA	URGENCY	éechensi	163
URRACA	MAGPIE	mégpai	86
USAR JABÓN	TO USE SOAP	tu iús sóup	163
USAR LA PALA	TO SHOVEL	to shável	135
ÚTIL	USEFUL	iúsfel	163
UVA PASA	RAISIN	réisen	120

V

VACA	COW	cáu	35
VACACIONES	HOLIDAYS	jólidei	69
VACACIONES	VACATION	vekéischen	164
VACÍO	EMPTY	émpti	45
VAGABUNDO	TRAMP	trámp	157
VAGAR	TO WANDER	tu uónde	166
VAINA DE GUISANTE	PEA POD	píipod	111
VALIENTE	BRAVE	breiv	21
VALLA PUBLICITARIA	BILLBOARD	bílbood	16
VALOR	COURAGE	cárich	35
VAPOR	STEAM	stíim	145
VAPOR	VAPOR	véipe	164
VAQUERO	COW-BOY	cáuboi	35
VARA	STICK	stík	145
VARIOS	SEVERAL	séverel	133
VARITA	WAND	uónd	166
VASO	GLASS	gláas	58
VECINOS	NEIGHBORS	néibes	96
VEHÍCULO	VEHICLE	víiquel	164
VELA	CANDLE	quéndel	26
VELA	SAIL	séil	128
VELERO	SAILBOAT	séilbout	128

Español	Inglés	Pronunciación	Pág.
VELLÓN	FLEECE	flíis	52
VELO	VEIL	veil	164
VENA	VEIN	vein	164
VENDA O VENDAJE	BANDAGE	bándich	12
VENDER	TO SELL	tu sel	132
VENENO	POISON	póisen	111
VENENO	VENOM	vénem	164
VENENOSO	POISONOUS	póisenes	111
VENIR	TO COME	tu cam	32
VENTANA	WINDOW	uíndou	171
VENTARRÓN	GALE	gueil	56
VENTILADOR	FAN	fan	48
VER	TO SEE	tu síi	132
VERANO	SUMMER	sáme	148
VERDE	GREEN	griin	61
VERDURAS	VEGETABLES	véchtebels	164
VERRUGA	WART	uóot	167
VERTEDERO	DUMP	damp	43
VERTER	TO POUR	tu póo	113
VERTICAL	UPRIGHT	apráit	163
VERTICAL	VERTICAL	véetiquel	164
VESTÍBULO	HALL	jóol	64
VESTIDO	DRESS	drés	42
VESTIDO DE RASO	SATIN DRESS	sátendres	129
VESTIRSE	TO DRESS	tu dres	42
VESTUARIO	WARDROBE	uóodroub	166
VETERINARIO	VETERINARIAN	vétrinearien	164
VÍA FÉRREA	RAILROAD TRACK	réilroud trak	120
VIAJAR	TO TRAVEL	tu trável	158
VIAJE	TRIP	trip	158
VÍCTIMA	VICTIM	víctim	164
VID	VINE	váin	165
VIDA	LIFE	laif	82
VIDRIO	GLASS	gláas	58
VIEJO	OLD	óuld	98
VIENE DE	FROM	from	55
VIENTO	WIND	uínd	170
VIERNES	FRIDAY	fráidei	54
VIGILAR	TO GUARD	tu gáad	62
VILLANO	VILLAIN	vílen	165
VINAGRE	VINEGAR	vínega	165
VINO	WINE	uáin	171
VIOLETA	VIOLET	váielet	165
VIOLÍN	VIOLIN	váielin	165
VIRAR BRUSCO	TO SWERVE	tu suéef	149
VISADO	VISA	vísa	165
VISCOSO	SLIMY	slími	139
VISERA	VISOR	váise	165
VISIBLE	VISIBLE	vísibel	165
VISITAR	TO VISIT	tu vísit	165

Español	Inglés	Pronunciación	Pág.
VISITAR INESPERADAMENTE	TO DROP IN	tu drópin	43
VISTA	VIEW	viú	164
VIVARACHO	LIVELY	láivli	83
VIVIR	TO LIVE	tu lif	83
VIVO	ALIVE	eláiv	8
VOCABULARIO	VOCABULARY	vecábiuleri	165
VOCAL	VOWEL	váuel	165
VOLAR	TO FLY	tu flái	53
VOLAR ZUMBANDO	TO ZOOM	tu súum	173
VOLCÁN	VOLCANO	volkéino	165
VOLCARSE	TO OVERTURN	tu óuveteen	100
VOLCARSE	TO TIP	tu tip	155
VOLEIBOL	VOLLEY-BALL	vóleibool	165
VOLUNTARIO	VOLUNTEER	volentíe	165
VOLVER	TO RETURN	tu rítéen	124
VOLVER EN SÍ	TO COME TO	tu cámtu	32
VOMITAR	TO THROW UP	tu zróu ap	154
VOMITAR	TO VOMIT	tu vómit	165
VOTANTE	VOTER	vóute	165
VOTAR	TO VOTE	tu vóut	165
VOZ	VOICE	vóis	165
XILÓFONO	XYLOPHONE	saílofon	173
Y	AND	and	9
YA	ALREADY	olrédi	9
YATE	YACHT	yóot	173
YEGUA	MARE	mea	87
YELMO	IRON MASK	aien mask	73
YEMA	YOLK	ióuk	173
YESO	GYPSUM	yipsen	63
ZAMBULLIRSE	TO DIVE	tu dáiv	40
ZANAHORIA	CARROT	quéret	27
ZANJA	DITCH	dich	40
ZANJA	TRENCH	trench	158
ZAPATERO	SHOEMAKER	shúumeique	135
ZAPATILLA	SLIPPER	slípe	139
ZAPATILLA DE TENIS	TENNIS SHOE	ténischius	152
ZAPATILLAS	SNEAKERS	sníiques	140
ZAPATOS	SHOES	shiús	135
ZARIGÜELLA	OPOSSUM	epósem	99
ZOOLÓGICO	ZOO	súu	173
ZORRO	FOX	fox	54
ZUMO	JUICE	chúus	75
ZURDO	LEFT HANDED	leftjéndid	81
ZURRAR	TO SPANK	tu spánk	141

207